[TR]AITÉ FORESTIER

PRATIQUE,

MANUEL

[PR]OPRIÉTAIRE DE BOIS,

PAR A. GURNAUD,

[ÉL]ÈVE DE L'ÉCOLE FORESTIÈRE DE [NANCY.]

PARIS,

[LIBRAIRIE] AGRICOLE DE LA MAISON RUSTIQUE,

RUE JACOB, 26.

—

BESANÇON,

[IMPRIM]ERIE ET LITHOGRAPHIE DE J. JACQUIN.

1870.

TRAITÉ FORESTIER

PRATIQUE,

MANUEL DU PROPRIÉTAIRE DE BOIS.

[illegible]

[illegible]

[illegible] DE JUSTICIA

TRAITÉ FORESTIER

PRATIQUE,

MANUEL

DU PROPRIÉTAIRE DE BOIS,

PAR A. GURNAUD,

ANCIEN ÉLÈVE DE L'ÉCOLE FORESTIÈRE DE NANCY.

PARIS,

LIBRAIRIE AGRICOLE DE LA MAISON RUSTIQUE,

RUE JACOB, 26.

—

BESANÇON,

IMPRIMERIE ET LITHOGRAPHIE DE J. JACQUIN.

—

1870.

PRÉFACE.

En exposant, sous une forme facile et accessible à tous, les principes de l'économie forestière par la pratique même, nous avons essayé, dans ce Manuel, de rendre à la propriété boisée, sous quelque aspect qu'elle se présente, la place importante qui lui appartient dans le domaine de l'agriculture, dont elle n'est qu'une branche trop souvent négligée.

Nous nous adressons plus spécialement aux propriétaires, aux gérants de domaines et aux gardes, en leur offrant le résumé de recherches longues et laborieuses sur la pratique forestière, c'est-à-dire sur l'art d'augmenter les richesses qu'ils possèdent ou qu'ils sont appelés à administrer, et nous insistons sur la nécessité pour eux et même sur le devoir de s'en occuper comme de toute autre propriété, industrie ou revenu.

Des particuliers dépend l'avenir des forêts; il suffit, pour s'en convaincre, de jeter un coup d'œil sur la statistique.

L'étendue des forêts de la France était de 9,589,000 hectares en 1791, et de 9,326,000 hectares en 1865. Cette étendue, qui est environ le sixième du territoire, a peu varié. Elle est répartie entre les particuliers, les communes et l'Etat.

Les particuliers, qui possédaient en 1813 deux millions d'hectares, en 1821 trois millions, en 1841 cinq millions et demi, possèdent, d'après la statistique publiée en 1865 sous le patronage de l'administration forestière, plus de six millions d'hectares. La propriété privée était donc en 1813 moins du quart et dépasse à présent les deux tiers du sol boisé.

La prépondérance des particuliers ne peut qu'augmenter encore, tant par les boisements qu'ils font avec suite, que par l'acquisition des forêts de l'Etat, dont la vente est appelée, dans l'avenir, à prendre des proportions de plus en plus marquées.

Ramener la culture des bois à ses premiers principes, formulés en axiomes dont il est facile à chaque propriétaire de tirer les conséquences, et réduire l'aménagement à des pratiques rationnelles et peu coûteuses, tel a été notre but. Ainsi dégagé de ce qu'il y a de trop absolu ou de trop élémentaire dans les ouvrages destinés à l'enseignement, et complété par les notions essentielles de comptabilité et d'administration et par les tables de calcul les plus nécessaires, notre Manuel contribuera, nous en formons l'espérance, au développement de l'initiative individuelle, base certaine du progrès.

Qu'il nous soit permis d'adresser nos remerciements aux personnes qui ont bien voulu nous donner des conseils et nous faire des communications que nous n'avons pas hésité de mettre à profit. Sans nous dissimuler la difficulté de notre tâche en entreprenant un Manuel, nous faisons appel à la critique et au concours des amis de l'art forestier.

Naucray, 15 décembre 1869.

PREMIÈRE PARTIE.

CULTURE.

CHAPITRE PREMIER.

DÉFINITIONS ET GÉNÉRALITÉS.

1. *La culture forestière* a pour objet la production du bois.

2. L'ensemble des arbres existants sur le terrain livré à cette culture est appelé *bois ou forêt.*

3. Par *essences forestières* on entend toutes les espèces d'arbres qui se rencontrent dans les forêts.

4. Dans la pratique on distingue *les arbres feuillus* et *les arbres résineux* appelés aussi *arbres verts.*

Les arbres feuillus, à l'exception de quelques espèces, perdent leurs feuilles chaque année, ont une ramification diffuse et donnent des rejets de souche après la coupe.

Les arbres résineux, ou *arbres verts,* conservent leurs feuilles plusieurs années, à l'exception du mélèze qui les perd comme les arbres feuillus, ont une ramification régulière et ne donnent en général pas de rejets de souche après la coupe.

5. On appelle *brin de semence* ou simplement *brin,*

l'arbre qui provient directement d'une semence, et *rejet* celui qui a pris naissance sur la souche après la coupe.

6. On nomme *futaie* l'arbre de fortes dimensions.

7. La *futaie pleine* est la forêt destinée plus particulièrement à produire des arbres de fortes dimensions et à se régénérer par la semence.

8. On appelle *sapinière* une futaie pleine composée de résineux, bien qu'il y ait parmi ceux-ci une certaine quantité de bois feuillus.

9. Le *taillis* est la forêt qui se reproduit principalement par le rejet des souches. Il donne du bois de feu et du menu bois d'industrie. On y élève ordinairement de la futaie.

10. Les taillis, les futaies et les sapinières sont les types de bois ou forêts auxquels s'appliquent les règles de la culture forestière ou *sylviculture*.

11. *L'accroissement annuel d'un arbre* est le volume dont cet arbre augmente par la végétation de l'année.

12. *L'accroissement annuel d'un hectare de forêt* est la somme des accroissements pendant l'année de chacun des arbres qu'il renferme.

La première condition pour que la forêt produise est, par conséquent, d'avoir toujours un certain nombre d'arbres en réserve.

13. Dans une coupe, *la réserve* est l'ensemble des arbres qui ne doivent pas être exploités, et *l'abandon* l'ensemble des arbres qui doivent être exploités.

14. La réserve des coupes d'une forêt, considérée dans son ensemble, est le *matériel d'exploitation* de la forêt.

15. La *fertilité* est la faculté de produire. Elle dépend

de la composition du sol de la forêt, des détritus végétaux et des influences atmosphériques.

16. Lorsque les arbres d'une forêt sont largement espacés, leur accroissement annuel est considérable. Par le développement qu'ils prennent d'année en année, ils arrivent à couvrir le sol plus complétement et finissent par se trouver trop serrés. L'accroissement annuel, d'abord progressif, devient stationnaire, puis commence à diminuer.

A partir de ce moment, si on abandonne la forêt à elle-même, l'accroissement annuel est de plus en plus faible, les arbres perdent leur vigueur, dépérissent et sèchent peu à peu.

Mais si, au lieu d'abandonner la forêt à elle-même, on coupe une partie des arbres, en ayant soin de laisser toujours les plus vigoureux et de les espacer régulièrement et assez largement, non-seulement on prévient le dépérissement, mais la végétation entre dans une nouvelle phase pendant laquelle l'accroissement augmente, devient stationnaire et décroît comme dans la précédente.

Lorsque les arbres sont trop espacés et en nombre insuffisant pour former le matériel d'exploitation nécessaire, il se perd une partie des éléments de la fertilité, et l'abondance de nourriture surexcite la végétation et peut contribuer à l'exagération du branchage. Le *matériel d'exploitation est insuffisant*.

Lorsque les arbres sont en trop grand nombre ou trop serrés, l'accroissement diminue, et *le matériel superflu* est ce qu'il faut couper pour que l'accroissement s'élève et reprenne le taux le plus avantageux.

17. Le *traitement* d'une forêt est l'ensemble des opérations à faire pour l'exploiter et l'améliorer.

18. *L'aménagement* est la réglementation du traitement pour un certain nombre d'années que l'on appelle *révolution* (1).

19. Observer les faits qui se produisent dans la culture forestière et en profiter pour améliorer d'une manière suivie la gestion des forêts, tel est le but de la *science forestière*.

20. *La gestion des forêts*, comme celle des capitaux et généralement des entreprises industrielles, demande un esprit de suite, de l'ordre et des moyens de contrôle à l'aide desquels on puisse apprécier pratiquement les résultats des coupes et les comparer entre eux. Elle exclut les idées systématiques et doit être conçue de manière à permettre, avec le moins de sacrifices possible, les exploitations que peuvent demander les nouveaux besoins du commerce, se prêter aux perfectionnements de la science forestière et fournir des ressources pour les cas imprévus.

21. *Les capitaux engagés* dans la production ligneuse sont : le prix du sol dépouillé de bois, les dépenses d'entretien et d'amélioration, le montant des charges annuelles de la propriété et la valeur du matériel d'exploitation.

Le bois est lent à croître. Il faut mettre de l'économie

---

(1) D'après MM. Lorentz et Parade, la révolution est le nombre d'années fixé pour l'exploitation d'une forêt. Pour nous, le sens du mot révolution est plus limité : c'est seulement le nombre d'années pour la durée duquel on a réglé dans l'aménagement le traitement de la forêt.

et de la circonspection dans les dépenses à faire pour l'obtenir, car le jeu de l'intérêt composé, dont il faut nécessairement tenir compte, augmente rapidement les capitaux engagés.

On attribue au sol une valeur qui se calcule d'après la production ou par comparaison avec les sols environnants. Il est facile de déterminer cette valeur lorsqu'on a besoin de la connaître.

Les travaux d'entretien et d'amélioration peuvent être très variés. Ils s'appliquent aux chemins, clôtures, assainissements, plantations, etc., et peuvent donner lieu à de fortes dépenses. Il est nécessaire de les étudier et d'en tenir note avec soin.

Les charges de la propriété consistent principalement dans l'impôt et les frais de garde. Elles reviennent par hectare et par an à une somme à peu près fixe.

22. On doit prélever sur le produit des coupes l'intérêt de tous les capitaux qui concourent à la production. Le matériel d'exploitation est l'unique source de revenu et doit appeler d'une manière toute spéciale l'attention du propriétaire.

23. Dans les taillis où l'on n'élève pas de futaie, les souches donnent les rejets dont ces forêts sont presque exclusivement peuplées. Le produit, que l'on peut toujours estimer directement, ou d'après celui de l'exploitation précédente ou par comparaison avec les autres exploitations de la forêt, sert à calculer, lorsqu'il en est besoin, la valeur des taillis qui ne sont pas encore exploitables. Les souches forment une sorte de matériel d'exploitation dont la valeur est comprise dans cele du sol.

24. La futaie, soit dans les taillis où l'on a l'habitude d'en élever, soit dans les forêts de futaie, est la principale partie du matériel d'exploitation. Elle a quelquefois une grande valeur à l'hectare. Les arbres dont elle se compose n'ont pas tous à beaucoup près le même accroissement, et il est utile de se rendre compte des différences qu'ils peuvent présenter et des causes qui les produisent.

25. Une bonne administration, en résumé, doit prévoir la succession des coupes, tenir note des produits obtenus, et être bien renseignée sur le matériel d'exploitation (1), sur les dépenses d'entretien et d'amélioration et sur les charges de la propriété.

(1) Pour avoir la valeur en argent du matériel d'exploitation, il suffit de faire aux produits dont il se compose l'application des prix-courants.

CHAPITRE II.

TAILLIS.

26. Le taillis est la forêt qui se reproduit surtout par le rejet des souches. On y rencontre généralement un certain nombre de brins dont il est d'usage de choisir les meilleurs pour faire de la futaie. Dans les taillis exploités sans faire de réserves, dont nous nous proposons de traiter dans ce chapitre, la coupe est dite à *blanc étoc.*

27. La manière de couper exerce une influence certaine sur la reproduction du taillis, mais il est impossible de tracer des règles précises à ce sujet. Tout ce que l'on peut dire, c'est qu'il faut se servir d'instruments bien tranchants, surtout de la hache, ne pas écailler le pourtour de la souche et éviter qu'elle offre des creux dans lesquels l'eau venant à séjourner occasionnerait de la pourriture. Quant à couper haut ou bas, les bûcherons de profession savent ordinairement très bien ce qu'il y a à faire. Ils coupent généralement moins près de terre dans les sols humides que dans les terrains secs. Quelquefois, pour donner une nouvelle vigueur à une vieille souche de chêne, ils la coupent au-dessus du nœud de la précédente exploitation.

28. Au printemps qui suit la coupe, les souches de

taillis se couronnent d'une très grande quantité de rejets dont beaucoup sèchent dès les premières années. Les plus vigoureux parmi ceux qui persistent, s'élancent et forment pour la coupe suivante la meilleure partie du taillis. Les rejets de moindre vigueur poussent obliquement, et sur les souches d'essences vivaces, dans les taillis non *éclaircis*, on trouve encore au moment de la coupe des rejets qui traînent sur le sol. On remarque que les rejets droits sont les plus gros et les plus longs, que les autres rejets sont d'autant moins forts qu'ils sont plus inclinés, et que les traînants restent petits. Les principes de la fertilité sont ainsi répartis entre des sujets qui ne les utilisent pas tous d'une manière également profitable.

Dans l'intervalle des cépées, même dans les taillis où l'on ne conserve pas de futaies, il se produit des semis naturels provenant de graines apportées sans le concours de l'homme.

29. La disposition des rejets de souche à s'étaler occasionne dans les taillis *non éclaircis* la disparition ou l'étiolement de la plus grande partie des semis naturels qui se produisent dans l'intervalle des cépées, et quelquefois même celle des cépées peu vigoureuses.

30. Les rejets d'essences à bois tendre, qui poussent d'abord très rapidement, sèchent, les saules surtout, avant que les bois durs puissent être coupés.

31. Dans les bois durs, couper : 1° les rejets traînants ; 2° parmi les rejets penchés ceux qui ne sont pas capables de venir à bien ou ceux qui nuisent aux rejets droits ; parmi les rejets droits quelques-uns des moins beaux, lorsqu'ils sont trop nombreux ; 3° dans les bois tendres et dans les

essences secondaires, telles que les saules et les coudriers, couper tous les rejets lorsqu'il ne doit pas en résulter d'inconvénients, et, dans ce cas, n'en laisser que le nombre nécessaire pour ne pas interrompre le massif : tel est le but de *l'éclaircie*.

32. L'utilité de cette opération est facile à comprendre : 1° en conservant les semis naturels qui auraient disparu, et en donnant de la force à ceux qui se seraient étiolés, elle favorise le recrutement de la futaie ; 2° en dirigeant toute la séve sur les meilleures tiges, le taillis devient plus fort dans le même temps que s'il n'avait pas été éclairci, ou, ce qui revient au même, le terme auquel il peut être exploité est avancé ; 3° en rendant de la vigueur aux cépées faibles et en conservant un plus grand nombre de semis naturels, le repeuplement du taillis devient plus complet ; 4° on prévient la production des bois secs, qui attirent les délinquants et sont dans tous les cas une perte de produits.

33. La lutte qui s'établit entre les rejets de souche n'est pas très sensible pendant les premières années. C'est vers l'âge de 8 ou 9 ans dans les taillis exploités à 16 ou 18 ans, et de 10 à 12 ans dans les taillis exploités de 20 à 25 ans, que les peuplements commencent à souffrir de l'état serré et qu'on doit mettre en pratique les éclaircies.

CHAPITRE III.

SAPINIÈRES.

34. Le mot *sapinière* n'a pas partout la même signification. Dans les régions montagneuses, où dominent le sapin et l'épicéa, il s'applique aux forêts composées de ces deux essences, lors même qu'elles renferment une certaine proportion de bois feuillus ou d'autres résineux. Ce sont celles dont nous nous proposons de nous occuper.

35. Les particuliers ne font en général dans leurs sapinières que deux sortes de coupes : la coupe jardinatoire et la coupe à blanc étoc.

36. La *coupe jardinatoire* consiste à choisir au travers de la forêt les arbres qui doivent être exploités. De cette manière, le sol n'est généralement pas découvert après la coupe.

37. La *coupe à blanc étoc* consiste à exploiter tout le bois existant sur la superficie. Le sol est mis à nu et se recouvre de morts bois à l'abri desquels vient un semis naturel des essences de la forêt coupée. Ce semis est généralement complet. Les morts bois disparaissent au bout d'un certain nombre d'années, les essences feuillues prennent alors le dessus, et les résineux restent encore dominés pendant longtemps.

Après la coupe à blanc étoc, le sol est d'abord improductif. Le matériel d'exploitation se rétablit ensuite peu à peu, et jusqu'à ce qu'il ait acquis la consistance nécessaire pour utiliser toute la fertilité, une partie de la richesse du sol est perdue.

38. En étudiant l'accroissement des arbres dans les forêts jardinées, on reconnaît que la section de leur tige, formée de couches concentriques représentant chacune l'accroissement d'une année, se divise en zones ou groupes de couches minces et en zones de couches épaisses. Pendant la durée correspondante aux zones de couches minces, l'accroissement était lent; il était au contraire rapide pendant la durée correspondante aux zones de couches épaisses. Ces zones, qui alternent quelquefois au nombre de cinq ou six, correspondent à des périodes variables, d'une durée de 10 à 40 ans et quelquefois plus, et ne sont pas toujours nettement séparées. On passe de l'une à l'autre par des transitions. Ainsi, d'une zone de couches minces on passe à une zone de couches épaisses par des couches qui augmentent d'épaisseur progressivement et en général très rapidement. On passe ensuite d'une manière semblable aux zones de couches minces par des couches qui diminuent d'épaisseur progressivement, et en général assez vite.

Cette observation établit que dans les forêts exploitées par coupe jardinatoire, la croissance des arbres est alternativement active et lente, et l'on s'explique qu'avec ces alternatives, l'accroissement général de ces forêts et par conséquent leur revenu puisse être moindre que si la végétation des arbres avait suivi une marche plus soutenue et plus régulière.

L'existence dans ces forêts d'arbres qui ont échappé à ces alternatives de végétation et qui ont suivi une marche régulière, confirme cette induction, car ils parviennent plus rapidement aux mêmes dimensions que les autres. Les différences d'âge entre les arbres de mêmes dimensions varient quelquefois du simple au double et même au triple, de telle sorte qu'il y a dans les mêmes conditions de fertilité des arbres de 60 ans, par exemple, dont le cube et la valeur marchande sont égaux à ceux d'arbres de 120 et même de 180 ans, sans qu'il soit possible d'assigner à ces différences d'autre cause que celle des alternatives de végétation.

Les périodes de croissance lente commencent pour un arbre lorsque ses voisins plus vigoureux ont pris assez de développement pour le gêner et lui soustraire une partie de sa nourriture. Cet état de gêne est quelquefois si grand que le même arbre qui présente sur certaines zones des couches de cinq millimètres, en a, dans d'autres zones, qui ont moins d'un millimètre d'épaisseur et que l'on ne peut quelquefois apprécier qu'à la loupe et après avoir fait avec un instrument bien tranchant, une section inclinée sur la tige.

39. Dans les sapinières soumises aux coupes à blanc étoc, l'exploitation ne se fait que lorsque le plus grand nombre des arbres ont une valeur marchande. Jusqu'à ce terme beaucoup d'arbres sèchent, et quelques-uns sont coupés accidentellement, mais le massif reste serré. Les arbres soutiennent entre eux une lutte continuelle et s'efforcent de conserver dans le sol et dans l'atmosphère assez d'espace pour prendre leur nourriture. Tant que la

forêt est jeune et vigoureuse, les arbres les plus faibles succombent assez rapidement ; mais à mesure que le massif avance en âge, la lutte est plus soutenue, elle devient ensuite épuisante et finirait par occasionner le dépérissement si l'on ne faisait pas la coupe.

Cette marche de l'accroissement dans les forêts traitées de cette manière est nettement accusée sur la section des arbres. On remarque au centre une zone considérable dont les couches concentriques sont progressivement plus épaisses, puis une zone généralement très petite, présentant des couches concentriques à peu près de même épaisseur, et à partir de ce point une décroissance continue jusqu'au dépérissement de l'arbre, qui n'arrive souvent qu'après une longue série de couches tellement minces qu'on a de la peine à les compter.

On est tenté d'admettre que dans cet état de lutte les arbres prennent plus de hauteur que s'ils étaient espacés suffisamment pour éviter la lutte. Mais une observation constante prouve qu'ils s'épuisent et cessent de croître en hauteur avant d'avoir atteint l'élévation à laquelle parviennent les arbres qui ont eu un espacement régulier et bien ménagé.

La quantité de mètres cubes que l'on retire de ces forêts est quelquefois moindre que celle que l'on retire des forêts jardinées sans exagération. Les arbres sont en plus grand nombre, mais ils sont de moins fortes dimensions, et la différence des produits en argent dans ces deux sortes de forêts est généralement plus grande encore que la différence des produits en volume.

40. Une *sapinière* est à *l'état régulier* lorsque le maté-

riel d'exploitation qu'elle renferme est constitué de manière à tirer le meilleur parti possible de la fertilité de la forêt. Ce résultat est atteint lorsque toutes les parties de la forêt sont elles-mêmes régulières.

41. *Une partie de forêt est régulière* lorsque les arbres dont elle est peuplée sont à peu près de même âge ou de même force, convenablement espacés, vigoureux, et n'excédant pas le nombre nécessaire pour former le matériel d'exploitation le plus avantageux. Ce n'est qu'avec un peuplement soigneusement débarrassé du matériel superflu que l'on peut avoir des bois de commerce dans le temps le plus court (1).

42. Les exploitations qui se font dans les forêts régulières et dont le but est d'assurer la conservation de l'état régulier, sont de plusieurs sortes. Elles sont : de nettoiement avec préparation de futaie, d'éclaircie, d'ensemencement, secondaires et définitives. Dans leur ensemble, on les appelle *coupes régulières*.

43. Les arbres d'une partie de forêt régulière prennent d'abord beaucoup d'accroissement. Au bout d'un certain nombre d'années ils ont acquis assez de développement pour se nuire. Il s'établit entre eux une lutte qui di-

(1) Sous ce rapport, la production forestière peut être assimilée à la production agricole. On sait, par exemple, que la production d'un champ de betteraves est plus considérable lorsque les betteraves ont été convenablement espacées, que lorsqu'elles ont été trop rapprochées. De même, la forêt qui donne le plus de produits n'est pas celle qui renferme le plus grand nombre d'arbres, mais celle dans laquelle ce nombre, le plus petit possible, est en même temps proportionné à la fertilité, de manière à l'utiliser complétement.

minue l'accroissement et qu'il est par cette raison utile de prévenir. Dans ce but on coupe les sujets défectueux et superflus pour ne laisser que les meilleurs. Ceux-ci doivent être espacés régulièrement et d'une quantité suffisante pour qu'ils ne puissent pas se nuire pendant tout le temps qui doit s'écouler jusqu'à l'exploitation suivante.

Ces coupes sont dites *d'éclaircie*. L'espacement des arbres laissés sur pied après la coupe dépend de leurs dimensions, de leur vigueur et du temps qui doit s'écouler jusqu'à l'exploitation suivante. Il doit être plus faible quand la coupe doit revenir dans un petit nombre d'années et quand le peuplement est composé d'arbres qui ne sont pas très vigoureux. Il doit être plus grand quand la coupe doit être différée plus longtemps et quand on opère sur des peuplements composés d'arbres vigoureux.

Par exemple, dans une sapinière de 30 ans peuplée à l'hectare de 2,400 arbres vigoureux de 0m30 de tour et où les éclaircies doivent revenir tous les six ans jusqu'à l'âge de 60 ans, les opérations peuvent être faites d'après les indications du tableau suivant :

Tableau de la succession des coupes d'éclaircie.

ÉCLAIRCIE.			Nombre d'arbres à l'hectare			Observations.
Numéros d'ordre des coupes.	Age du peuplement	Circonférence de l'arbre moyen.	avant la coupe.	exploité.	après la coupe.	
1	30	0m30	2,400	800	1,600	A 60 ans, les coupes principales commenceront.
2	36	0 40	1,600	600	1,000	
3	42	0 60	1,000	300	700	
4	48	0 80	700	200	500	
5	54	1 »	500	100	400	

REMARQUE. *L'exemple que nous venons de prendre renferme des chiffres qui peuvent être modifiés en plus ou en moins, suivant les circonstances locales et les vues du propriétaire.*

44. La sapinière se reproduit par le semis naturel. L'accroissement du jeune semis est lent, et le nombre de mètres cubes qu'il donne chaque année par hectare, reste longtemps faible et beaucoup moindre que celui d'un peuplement composé de bois d'âge moyen.

On sait que le semis réussit et peut prospérer lors même que le sol est en partie couvert de vieux bois.

Avant que les arbres d'un peuplement régulier soient parvenus au terme auquel il convient de les exploiter, on fera l'éclaircie plus forte afin que le semis puisse se produire. Cette *coupe* est dite *d'ensemencement*.

45. Lorsque le semis a pris un peu de force et demande plus de place dans le sol et dans l'atmosphère, il faut de nouveau éclaircir les vieux bois. La *coupe* est dite *secondaire* et doit être renouvelée plusieurs fois. Elle est suivie chaque fois de nettoiements dans les semis et de préparations de futaie.

46. Le *nettoiement* qui suit la coupe secondaire consiste dans l'enlèvement des sujets qui ont été gravement endommagés par l'exploitation.

47. La *préparation de futaie* consiste à dégager parmi les sujets les plus vigoureux 300 ou 400 brins par hectare, en leur donnant de l'espace tout autour, afin qu'ils puissent acquérir de la force et devenir plus tard des arbres d'élite. A chaque exploitation de coupe secondaire, ces mêmes sujets reçoivent de nouveaux soins.

48. Quand le semis a grandi et est devenu une jeune futaie formant à l'hectare un matériel d'exploitation à peu près suffisant, on coupe le reste des vieux bois. Cette coupe est dite *définitive* et doit être suivie de la première éclaircie dans la jeune forêt.

49. Les coupes d'ensemencement secondaires et définitive sont dites coupes de régénération ou *coupes principales*. Par exemple, dans une sapinière de 60 ans composée à l'hectare de 400 arbres ayant 1^m20 de tour, les coupes principales ou de régénération pourraient être faites d'après les indications du tableau suivant :

Tableau de la succession des coupes principales.

Numéros des coupes.	Coupes principales.			Nombre d'arbres à l'hect.			Observations.
	Nature de la coupe.	ARBRES.		avant la coupe.	exploité.	après la coupe.	
		Age.	Grosseur.				
1	Ensemencement	60	1 20	400	130	270	Pendant la durée des coupes secondaires et après chacune de ces coupes, on fait des nettoiements avec préparation de futaie.
2	Secondaire.	66	1 40	270	90	180	
3	Id.	72	1 60	180	60	120	
4	Id.	78	1 80	120	40	80	
5	Id.	84	2 »	80	40	40	
6	Définitive.	90	2 20	40	40	»	

50. La coupe définitive dégagera une jeune futaie de 30 ans formant un matériel d'exploitation à peu près suffisant pour utiliser toute la fertilité. Cette jeune futaie sera pendant 30 ans soumise aux coupes d'éclaircie, et ensuite pendant 30 autres années aux coupes principales ou de régénération. De cette manière la forêt sera exploi-

tée tous les 60 ans, les arbres enlevés dans les coupes principales seront âgés de 60 à 90 ans, et le sol sera toujours garni d'un matériel d'exploitation pouvant utiliser toute la fertilité.

CHAPITRE IV.

FUTAIE FEUILLUE.

51. Nous avons vu que la futaie est l'arbre de fortes dimensions. Elle provient des futaies pleines ou des futaies des taillis.

52. La forêt traitée en *futaie pleine* s'exploite en général d'après les mêmes principes que la sapinière. La méthode de traitement repose sur la régénération par la graine tombant naturellement des arbres. Elle exclut les rejets de souche ; mais, pour en prévenir la production, il est nécessaire de tenir les peuplements serrés, et le matériel d'exploitation étant par suite trop considérable, il en résulte une diminution de l'accroissement et par conséquent du revenu.

53. Il est possible, sans se priver des rejets de souche, de tirer de la futaie des taillis un produit au moins égal en quantité et en qualité à celui que donne la futaie pleine.

54. Dans les taillis la réserve consiste en baliveaux de l'âge, modernes et anciens de divers âges.

Dans un taillis de chêne en sol ordinaire exploité à l'âge de 20 ans, le baliveau de l'âge (20 ans) vaut 0'35 et à 40 ans 2 fr. 50 à 3 fr. ; l'accroissement se fait à un taux de plus de 10 0/0. Le moderne de 40 ans parvenu à l'âge de 60 ans vaut de 14 à 16 francs; l'accroissement se fait à un taux de plus de 8 1/2 0/0. L'ancien de 60 ans parvenu à l'âge de 80 ans vaut de 45 à 50 francs; l'accroissement se fait à un taux de plus de 5 1/2 0/0. L'ancien de 80 ans parvenu à l'âge de 100 ans vaut de 85 à 90 francs; l'accroissement se fait à un taux de plus de 3 0/0.

Il n'est donc pas indifférent, lorsqu'on fait la réserve d'une coupe, de la composer en vieilles ou en jeunes futaies. (Voir à la 2ᵉ partie, page 54, un exemple de balivage.)

La formation de la réserve ou le *balivage* est l'affaire la plus importante de la gestion des taillis. On doit toujours faire une réserve abondante en baliveaux de l'âge et en modernes, et ne conserver qu'exceptionnellement des anciens de quatre et surtout de cinq âges.

55. Dans un taillis de chêne de 20 ans, où les baliveaux de l'âge valent en moyenne 0ᶠ35, on rencontre des sujets qui valent 0ᶠ75 et même 1 fr. la pièce. Il est digne de remarque que ces sujets d'élite prennent de 20 à 40 ans un accroissement en général supérieur au taux moyen. Par exemple, un baliveau de 0,35 valant 2 fr. 50 à 40 ans, celui de 1 franc vaudra en général plus de 8 francs au bout du même temps. Cette observation fait ressortir l'utilité, déjà évidente par elle-même, d'un grand choix de ces sujets d'élite.

56. Si l'on étudie la conformation des baliveaux d'élite, et si l'on cherche à découvrir les conditions dans lesquelles ils se sont produits, on reconnaît qu'ils ont crû sans être gênés par le taillis, et que leur tige est droite, élancée et dépourvue de branches basses. Le moyen de les multiplier

consistera donc à dégager et à émonder les sujets destinés à former de la futaie. Ce travail, que nous appelons *préparation de futaie*, doit commencer avant l'éclaircie et être complété pendant cette opération.

Avant l'éclaircie, dans les taillis de 3 ou 4 ans, on choisit les sujets, on les dégage tout autour, afin qu'ils puissent prendre de la force, et, lorsqu'ils le comportent, on leur fait un commencement d'émondage.

A l'éclaircie, la préparation se complète en dégageant de nouveau les sujets choisis, en les émondant et en les taillant au besoin.

Cette préparation doit porter sur les sujets plantés, sur les brins de chêne et de bois dur, et même sur les rejets de jeune souche. Dans ce dernier cas, on prépare le meilleur rejet, et les autres sont supprimés.

Il suffit de préparer 300 à 400 sujets par hectare, même lorsqu'on se propose de produire surtout de la futaie. On doit chercher à obtenir entre les sujets préparés un espacement régulier de 5 à 6 mètres.

57. La préparation de futaie se fait avec la serpe et avec le sécateur ordinaire et est peu dispendieuse. Cette opération, très importante, simplifie la taille des futaies et peut quelquefois en dispenser.

58. Les vieilles futaies diminuent l'accroissement du taillis par l'effet du couvert de leur branchage. Les branches basses sont celles qui nuisent le plus, et souvent elles déforment la tige et déprécient le bois de service.

Il est d'ailleurs bien connu que les arbres réservés pour croître en futaie prennent plus d'accroissement et s'élancent davantage lorsque leur branchage est également réparti autour de la tige et assure, par cette disposition, ce qu'on appelle en arboriculture l'équilibre de la séve.

Par la *taille* on supprime les défectuosités que présente quelquefois l'arbre abandonné à lui-même, et le couvert du branchage devient élevé et moins nuisible aux rejets de souche. Mais cette utile opération peut être préjudiciable aux vieux chênes. Il ne faut la pratiquer que sur les arbres jeunes et pouvant encore être rectifiés.

59. C'est au moment de l'éclaircie, c'est-à-dire environ dix ans après la coupe, qu'il faut tailler les jeunes futaies, baliveaux et modernes. On a moins à craindre à ce moment la production des branches adventives, et on juge mieux les arbres d'avenir, les seuls qui doivent être taillés.

Dans cette opération, qui a pour effet d'augmenter la longueur du bois de service, de diminuer et d'élever le couvert, ce qui permet d'avoir un plus grand nombre de réserves à l'hectare, on doit s'attacher à maintenir une bonne proportion entre la tête et le fût, et chercher à obtenir l'équilibre de la séve en égalisant autant que possible la force du branchage autour de la tige.

On doit se servir d'instruments bien tranchants, couper les branches rez-tronc proprement et sans déchirure.

CHAPITRE V.

TRANSFORMATION DES FORÊTS IRRÉGULIÈRES.

60. Nous avons vu, en traitant de la coupe jardinatoire et de la coupe à blanc étoc, que les forêts des particuliers sont plus ou moins irrégulières. Le matériel d'exploitation, tantôt insuffisant et tantôt surabondant, est le plus souvent composé d'arbres défectueux ou mal répartis à la surface du sol.

61. Une forêt est *irrégulière* lorsque les cantons dont elle se compose, considérés chacun séparément, sont *irréguliers*, c'est-à-dire lorsque le matériel d'exploitation est insuffisant ou trop considérable et composé d'arbres défectueux ou mal répartis à la surface du sol.

62. Dans un canton de forêt exploité par coupes jardinatoires et où les arbres de différentes grosseurs, formant un matériel d'exploitation trop considérable, sont confusément mêlés, on arrivera à l'état régulier par des coupes répétées à de courts intervalles, dans lesquelles on enlèvera avec prudence les arbres défectueux ou en excès, et l'on réservera les arbres les meilleurs en leur donnant tout l'espace dont ils ont besoin.

Quand le matériel d'exploitation est insuffisant, il est le plus souvent encore mal réparti, les arbres sont assez généralement par groupes et se nuisent entre eux. Dans ce cas comme dans le précédent, les coupes doivent se succéder à de courts intervalles, et avoir pour objet de desserrer progressivement les groupes, en ayant soin de conserver toujours les arbres les meilleurs.

63. Dans un canton de forêt qui a été exploité par coupes à blanc étoc, et où l'accroissement s'est fait en massif serré, si le peuplement est d'un certain âge et si les arbres dont il se compose sont trop épuisés, ce que l'on reconnaît à leur cime appauvrie, formée de branches minces, peu vigoureuses et les seules qui restent, il n'y a rien autre chose à faire que la continuation de la coupe à blanc étoc.

Les massifs encore jeunes peuvent être ramenés à l'état régulier par des éclaircies faites avec prudence et à des intervalles rapprochés.

Les jeunes semis doivent être traités par les nettoiements avec préparation de futaie.

64. En résumé, la régularisation dans les forêts de futaie a pour but de faire disparaître progressivement et par canton les irrégularités, et d'obtenir une consistance de peuplement représentant le capital d'exploitation le plus avantageux. Pour y arriver dans le temps le plus court et sans sacrifices, il faut traiter chaque nuance de peuplement comme elle demande de l'être, en la considérant isolément.

65. Les taillis sont des forêts plus ou moins irrégulières. Le produit qu'on en retire dépend de la fertilité, mais surtout de la manière dont la forêt est traitée.

Les taillis dans lesquels on n'élève pas de futaie et que l'on coupe fréquemment, tous les douze ans par exemple, peuvent produire par hectare et par an quatre et même six mètres cubes de matière ligneuse.

Les taillis dans lesquels on élève de la futaie peuvent produire par hectare et par an, lorsqu'on les coupe fréquemment, tout les quinze ans par exemple, trois à cinq mètres cubes de bois de rejet et trois à cinq mètres cubes de futaie. Lorsqu'on ne les coupe qu'à long terme, tous les 25 ou 30 ans, ils produisent moins, deux à quatre mètres cubes de bois de rejet et deux à quatre mètres cubes de bois de futaie.

A propos des taillis, nous avons montré de quelle manière on peut améliorer ces forêts, c'est-à-dire les régulariser.

CHAPITRE VI.

QUALITÉ DES BOIS. CUBAGE ET ESTIMATION.

66. La *qualité du bois*, abstraction faite de la longueur et de la grosseur, dépend de l'homogénéité d'abord, et ensuite de la nature de la couche annuelle ou veine du bois.

67. L'homogénéité du bois est le résultat de l'égalité soutenue des conditions de végétation dans lesquelles l'arbre s'est développé.

Le bois qui provient des forêts exploitées par coupes jardinatoires présente alternativement des zones de veines serrées et des zones de veines larges. Il est par ce fait moins homogène que celui des forêts régulières.

Les arbres des forêts exploitées par coupes à blanc étoc ayant crû en massif serré et de même âge, donnent un bois homogène, à veine grosse au centre et décroissant ensuite d'une manière continue jusqu'au pourtour de l'arbre, où elles sont extrêmement minces. Si ce bois a des qualités particulières, qualités chèrement acquises par suite de la lenteur de la croissance, il n'est toutefois ni plus nerveux ni de plus de durée que celui des forêts régulières. Il suffit, pour s'en rendre compte, d'étudier la composition de la veine ou couche ligneuse d'une année.

68. La veine, résultat de l'accroissement de l'année, se

composé de deux parties distinctes, l'une dure et l'autre tendre. Il n'est pas facile de faire cette distinction pour toutes les essences; mais l'observation démontre que la partie dure de la veine des sapins et des chênes qui ont crû dans des conditions de végétation régulières, est plus large comparativement à la partie tendre que celle des sapins et des chênes qui ont crû serrés. A l'appui de cette observation, les ouvriers qui emploient le bois reconnaissent celui des forêts régulières comme le plus nerveux.

La veine du bois qui provient des forêts exploitées par coupes jardinatoires, probablement à cause de l'alternative des conditions de végétation, n'est pas d'aussi bonne qualité que celle du bois qui provient des forêts régulières, et quelquefois même elle contient une très forte proportion de bois tendre.

En résumé, les meilleurs bois proviennent des forêts régulières.

69. On distingue dans l'arbre le *fût* ou *tronc*, qui donne plus particulièrement le bois d'œuvre, et le *houpier* où *branchage*, qui donne quelquefois du bois d'œuvre, mais plus particulièrement du bois de feu.

Toutes les parties du fût ne sont pas d'égale qualité. Le bois de la partie inférieure est généralement plus dense et plus résistant que celui de la partie moyenne et surtout de la partie supérieure. Le bois de la partie moyenne est généralement plus droit et plus propre à la fente. La partie supérieure est souvent noueuse.

70. Suivant que l'arbre doit être scié, équarri, ou livré à la fente, il perdra par la fabrication une partie de son volume, il éprouvera un certain déchet.

Le volume exact d'un arbre est égal à celui de l'eau qu'il déplace, et s'obtient par immersion. Si l'arbre est immergé avec son écorce, on obtient le volume en *grume.* S'il est écorcé, on obtient le volume *rond* ou *écorcé.* S'il n'est immergé qu'après fabrication, on obtient le volume *fabriqué* ou net de déchet.

71. Le *cubage* est l'art d'obtenir par un calcul rapide un volume très approché du volume exact.

Le forestier s'attache à connaître le volume en grume, et le marchand de bois se préoccupe surtout du volume qui restera après fabrication. Comme il y a entre le volume en grume et le volume fabriqué un rapport qu'il est facile de déterminer, on peut, lorsqu'on connaîtra le volume en grume, savoir quel sera le volume fabriqué et comparer entre eux les déchets de fabrication.

72. Les éléments des calculs de cubage se déduisent de la longueur de l'arbre et de sa circonférence au milieu.

Quand les arbres sont abattus, on mesure la longueur et la circonférence au milieu. — Quand ils sont debout, ces dimensions s'estiment, quelquefois avec des instruments appelés dendromètres, mais le plus souvent à vue ou à l'aide de données d'expérience sur la longueur des arbres et sur le rapport entre leur circonférence au milieu et à une hauteur convenue, 1ᵐ33 par exemple, que l'on peut mesurer directement.

73. On cube ordinairement les arbres comme cylindres de circonférence moyenne, ou comme prismes droits ayant pour base un rectangle déduit de la circonférence moyenne.

74. *Estimation des bois sur pied.* — *Etablissement du*

tarif. Le volume comme cylindre est donné d'une manière assez exacte et expéditive par la formule $v = 0,08c^2h$, dans laquelle c représente la circonférence au milieu de la longueur de l'arbre, et h la longueur de l'arbre.

Si la circonférence est mesurée sur l'écorce, la formule donne le volume en grume ; si la circonférence est mesurée sous l'écorce, elle donne le volume du bois rond ou écorcé.

La formule $v = 0,08c^2h$ peut servir à calculer des tables ou tarifs de cubage pour arriver à l'estimation des arbres sur pied.

Lorsqu'on se propose d'établir le tarif d'estimation pour une forêt, on commence par former pour chaque essence des classes d'arbres d'après les hauteurs correspondantes aux mêmes circonférences mesurées à 1^m33 du sol. On détermine ensuite pour chaque essence et par classes d'arbres, les circonférences moyennes qui correspondent aux circonférences mesurées à 1^m33 du sol. Il ne reste plus alors qu'à faire les calculs à l'aide de la formule (1).

Ces moyennes sont assez longues à déterminer. Il est généralement plus simple d'adopter un tarif connu et de le rectifier s'il y a lieu, à l'aide de vérifications faites sur les arbres abattus. (Voir, à la fin du volume, des tarifs pour les bois résineux et pour les bois feuillus, établis

---

(1) Les cubes du tarif sont obtenus à l'aide de moyennes et ne peuvent s'appliquer à un arbre déterminé. Ils n'ont d'exactitude qu'autant qu'ils s'appliquent à l'ensemble des arbres d'une coupe ou d'un canton.

pour des forêts où les arbres peuvent être groupés en trois classes de hauteur.)

75. *Application du tarif.* Pour estimer les futaies d'une forêt, il faut mesurer leurs circonférences à 1ᵐ33 du sol et les grouper par grosseurs et par classes de hauteur de la même manière qu'au tarif, dont il n'y a plus alors qu'à faire l'application (1).

On prend la circonférence des futaies avec un ruban gradué, ou, d'une manière plus expéditive, avec le compas forestier, sorte de compas d'épaisseur donnant les circonférences échelonnées comme au tarif (v. § 103).

76. *Estimation des bois abattus. — Cubage des futaies.* Les bois abattus sont assez généralement estimés comme prismes droits à base rectangulaire. La formule est $v = e\,l\,h$, dans laquelle e et l représentent les deux côtés du rectangle, et h la longueur de la pièce.

(1) Exemple de cubage avec le tarif.

Circonfé-rence à 1ᵐ33 de hauteur.	NOMBRE D'ARBRES.		Mètres cubes de tiges.	Stères de houpiers	Fagots de houpiers.
		PRODUITS.			
	arbres.				
1 60	175 à 2ᵐᶜ 671 l'un, donnent		466ᵐ425		
1 80	157 à 3 593	Id.	564 101		
2 »	138 à 4 320	Id.	596 160		
2 20	64 à 5 083	Id.	325 600		
2 40	42 à 5 894	Id.	247 548		
	576		2,199 834		
	stères de houpiers, 1 par 4 mètres cubes,			550ˢᵗ	
	fagots de houpiers, 1 par 2 mètres cubes,				1,100

e et l se déduisent de la circonférence moyenne suivant les usages locaux ou les conventions de la vente. Le principe de cette déduction est de ne faire payer au marchand que la quantité de bois qu'il pourra livrer au commerce, après fabrication, le volume net de déchet.

Le cubage au *quart sans déduction* consiste à élever au carré le quart de la circonférence moyenne mesurée sur l'écorce, et à multiplier le produit par la longueur de l'arbre, ce qui s'exprime ainsi : $v = \frac{c^2 h}{16} = 0,0625 c^2 h$.

Le cubage au *cinquième déduit* consiste à élever au carré le quart des quatre cinquièmes de la circonférence mesurée sur l'écorce, et à multiplier le produit par la longueur de l'arbre, ce qui s'exprime ainsi : $v = \frac{c^2 h}{25} = 0,04 c^2 h$.

Le cubage au *sixième déduit* consiste à élever au carré le quart des cinq sixièmes de la circonférence mesurée sur l'écorce, et à multiplier le produit par la longueur de l'arbre, ce qui s'exprime ainsi : $v = \frac{25}{576} c^2 h = 0,0434 c^2 h$.

Le cubage au *douzième déduit* consiste à élever au carré le quart des onze douzièmes de la circonférence mesurée sur l'écorce, et à multiplier le produit par la longueur de l'arbre, ce qui s'exprime ainsi : $v = \frac{121}{2304} c^2 h = 0,0525 c^2 h$.

Théoriquement, on prend une certaine portion de la circonférence comme côté d'équarrissage, mais dans la pratique on n'a pas toujours un carré pour base du prisme, et l'on prend le rectangle, dont la somme des côtés approche le plus du restant de la circonférence après la déduction convenue.

Nous avons reproduit à la fin du volume, des tables de calculs faits ou barèmes, qui donnent pour 1^m de hauteur le volume dès qu'on est fixé sur les côtés de l'équarrissage et sur la longueur de l'arbre, ou bien sur la circonférence moyenne.

Nous avons également donné un tarif complet pour le cubage des bois en grume.

77. Le marchand qui achète au mètre cube, a intérêt à stipuler le mode de cubage qui donne le plus fort déchet, et à faire mesurer la circonférence sous l'écorce, lors même que dans l'établissement des prix on tiendrait exactement compte des différences de cubage.

Les modes de cubage ne sont pas toujours spécifiés et appliqués avec toute l'exactitude désirable pour qu'on puisse établir des comparaisons certaines pour les prix. Les différences de prix tiennent souvent aux différentes manières d'appliquer un même mode de cubage. Si l'on vendait toujours au mètre cube en grume, les comparaisons offriraient plus de garanties d'exactitude.

78. *Branchages et débris des exploitations.* Nous avons vu au n° 70 que le volume exact des tiges s'obtient par immersion. Il en est de même pour les branchages et débris d'exploitation. Dans la pratique, on les estime en stères et fagots, par hectare et par arbre ou mètre cube de futaie exploitée. (Voir l'exemple à la note du § 75.)

79. *Estimation des taillis.* En considérant séparément toutes les tiges du taillis, on pourrait en déterminer le volume réel d'après les mêmes principes que pour la futaie.

Dans la pratique, on se borne à faire l'estimation par places d'essai ou par virées, opération qui consiste à apprécier le bois existant sur une surface connue.

80. *Exemple d'estimation dans les taillis, par hectare.*

Nature des produits.	Taillis de 20 ans.			Taillis de 25 ans.			Taillis de 30 ans.		
	Bon sol.	Sol moyen.	Sol médiocre.	Bon sol.	Sol moyen.	Sol médiocre.	Bon sol.	Sol moyen.	Sol médiocre.
Stères.	200	160	130	230	185	150	250	200	170
Fagots.	1500	1800	2000	1600	1900	2100	1700	2000	2200

CHAPITRE VII.

EMPLOIS ET USAGES DES BOIS.

81. Les emplois et usages des bois sont extrêmement variés. Les coupes principales donnent ordinairement des produits de valeur et d'une vente facile, mais il n'en est pas toujours de même des coupes d'éclaircie, dont le débouché, moins étendu, doit appeler davantage l'attention du propriétaire.

Nous indiquons dans le tableau suivant les principaux emplois et usages des bois.

DÉSIGNATION des produits façonnés.	DIMENSIONS.	EMPLOIS ET USAGES.	PROVENANCE.
Bardeaux.	Longueur, 0ᵐ45; largeur, depuis 0ᵐ10; épaisseur, 0ᵐ015. Longueur 0ᵐ27, largeur depuis 0ᵐ08 ; épaisseur, 0ᵐ004 à 0ᵐ008.	Se font de chêne, sapin, épicéa. *Servent aux toitures des habitations.*	Coupes principales.
Bois de charbonnette.	Longueur de bûche, 0ᵐ70 sur un diamètre *minimum* de 0ᵐ02.	Toutes essences. *Fabrication du charbon pour les forges, la maréchalerie, etc.*	Coupes principales de taillis et de futaie. Coupes d'éclaircie. Débris de coupes.
Bois d'allumettes	Dimensions variables.	Essences diverses. *Fabrication des allumettes chimiques.*	Coupes de taillis et de futaie.
Bois de corde.	Quartier. Longueur de bûche de 1ᵐ à 1ᵐ33; diamètre, depuis 0ᵐ12. Rondin. Longueur de bûche, 1ᵐ à 1ᵐ33; diamètre, depuis 0ᵐ06.	Toutes essences; principalement hêtre et charme. *Chauffage des habitations, etc.*	Coupes principales de taillis et de futaie. Coupes d'éclaircie de futaie.

DÉSIGNATION des produits façonnés.	DIMENSIONS.	EMPLOIS ET USAGES.	PROVENANCE.
Bois de tour.	Dimensions indéterminées.	Buis, lierre, sureau, if, poirier, alisier, sorbier, etc. *Objets divers.*	Coupes principales de taillis et de futaie.
Boissellerie.	Dimensions variables.	Essences diverses. *Mesures à grains, caisses de tambours, cribles, tamis, violons, moules à fromages.*	Coupes de taillis et de futaie.
Bourrées.	1^m de tour sur 1^m de longueur.	Toutes essences. *Chauffage des fabriques, tuileries, etc.*	Premières *éclaircies.* Débris des exploitations.
Cercles.	Dans l'Yonne, bottes de 2^m27 à 2^m59 de longueur sur 1^m62 à 1^m08 au gros bout et 0^m81 au petit. — Dans la Marne, couronnes de 25 cercles de 2^m20 de longueur.	Chêne, châtaignier, noisetier, saule, sapin, épicéa, etc. *Tonnellerie.*	Coupes d'*éclaircie* et de taillis. Branches de sapin et d'épicéa.
Charbon à poudre.	Menus bois réduits en fagots.	Nerprun - bourdaine, saule, essences à bois tendre. *Fabrication de la poudre..*	Coupes d'*éclaircie.*

DÉSIGNATION des produits façonnés.	DIMENSIONS.	EMPLOIS ET USAGES.	PROVENANCE.
Charpente parisienne.	Gros bois, depuis 0^m35 sur 0^m35 d'équarissage avec au moins 10^m de longueur. Bois moyen, depuis 0^m24 sur 0^m24 d'équarrissage, avec au moins 10^m de longueur. Petit bois, depuis 0^m13 sur 0^m13 d'équarrissage, avec au moins 10^m de longueur.	Essences résineuses. *Constructions, surtout à Paris et Lyon.*	Coupes d'éclaircie et coupes principales.
Charpente vosgienne.	Chevron, de 0^m16 à 0^m22 de diamètre au milieu sur 9^m de longueur et plus. Panne simple, de 0^m22 à 0^m32 de diamètre au milieu sur 12 à 14^m de longueur. Panne double, de 0^m32 à 0^m36 de diamètre au milieu sur 15^m de longueur et plus.	Essences résineuses. *Constructions, surtout en Lorraine.*	Id.
Charronnage.	Bois de divers échantillons.	Orme, frêne, chêne, érable, acacia, etc. *Jantes de roues, moyeux, rais, brancards, flèches, limonières, etc.*	Coupes principales.

DÉSIGNATION des produits façonnés.	DIMENSIONS.	EMPLOIS ET USAGES.	PROVENANCE.
Chemins de fer.	Traverses de la voie, 2m70 sur 25/16 et 21/16; traverses de joint, 2m80 sur 30/18; traverses d'entreprise, 1m70 à 1m60 sur 15/15.	*Les traverses de la voie et de joint* sont surtout de chêne. *Celles d'entreprises* sont de toutes essences.	Coupes principales.
Clayonnage.	Fagots de perches minces et flexibles, de 2 à 3m de longueur.	Essences diverses. *Servent à relier les pilots dans les endiguements.*	Coupes d'éclaircie.
Clôtures.	Piquets. Longueur, 1m; largeur, 0m03; épaisseur, 0m02. Longueur, 2m; largeur, 0m09; épaisseur, 0m03. Lisses pour palissades. Largeur, 0m11; épaisseur, 0m08.	Chêne. *Barrières de chemins de fer, clôtures d'usines, etc.*	Coupes principales.
Distillation.	Dimensions du bois de charbonnette.	Toutes essences. *Acide pyroligneux. Produits chimiques variés.*	Coupes d'éclaircie et autres.
Douelles.	Longueur, 0m850 sur 0m090 de largeur et 0m013 d'épaisseur.	Essences à bois tendre et essences résineuses. *Tonneaux d'emballage.*	Coupes d'éclaircie.

DÉSIGNATION des produits façonnés.	DIMENSIONS.	EMPLOIS ET USAGES.	PROVENANCE.
Ébénisterie.	Panneau, de 0m22 à 0m24 sur 0m020 à 0m022; volige, de 0m22 à 0m24 sur 0m013 à 0m015.	Chêne, hêtre, noyer, if, frêne, orme, etc. *Fabrication des meubles.*	Coupes principales.
Echalas, carassons, piquets de vigne.	Longueur, 2m17, 1m62, 1m46, 1m35, 1m14, 1m, 0m66, selon les cultures.	Châtaignier, chêne, sapin, pin maritime, acacia, morts-bois, etc. *Culture de la vigne.*	Coupes d'éclaircie et de taillis.
Écorce.	Bottes de 1m14 de longueur sur 1m29 de circonférence; poids, de 13 à 15 kilogr.	Chêne, châtaignier, épicéa, bouleau. *Tannage des cuirs et chauffage.*	Coupes de taillis.
Établis, étaux.	Grandes et fortes tables.	Hêtre et orme. *Boucheries, cuisines, ateliers de menuisiers, etc.*	Coupes principales de taillis et de futaies.
Fagots.	0m80 de tour sur 1m15 de longueur.	Toutes essences. *Chauffage, etc.*	Premières éclaircies. Débris des exploitations.
Fascines.	Fagots de 0m50 à 0m60 de tour, de longueur variable.	Essences diverses. *Se placent derrière les pilots reliés par le clayonnage. Drainage des terres humides.*	Coupes d'éclaircie. Morts bois.

DÉSIGNATION des produits façonnés.	DIMENSIONS.	EMPLOIS ET USAGES.	PROVENANCE.
Harts ou mailles.	Rouettes à coupler, à flotter, à bourrées, à fagots, à écorce, de moisson, etc.	Chêne, charme, coudrier, bouleau, sapin, etc. *Flottage des bois, façon des bourrées, fagots, bottes d'écorce, liens pour la moisson, etc.*	Coupes d'*éclaircie* et de taillis.
Lattes de fente.	Longueur, 1ᵐ14 sur 0ᵐ035 de largeur et 0ᵐ006 à 0ᵐ011 d'épaisseur.	Chêne. *Lattes à bouteilles, à plâtre, à tuiles, etc.*	Coupes principales de taillis et de futaie.
Lattes (de sciage).	Bottes de 4ᵐ de longueur; épaisseur, depuis 0ᵐ005 à 0ᵐ027; largeur, dep. 0ᵐ027 à 0ᵐ054.	Essences résineuses. *Lattes à tuiles, lattes à plafonds, cloisons, etc. Constructions civiles et industrielles.*	Coupes d'*éclaircie*. Débris de sciage fabriqué à la scie circulaire.
Madriers de charme.	Epaisseur, de 0ᵐ054 et plus.	*Fabrication de mamelles pour dents d'engrenage.*	Coupes principales.

DÉSIGNATION des produits façonnés.	DIMENSIONS.	EMPLOIS ET USAGES.	PROVENANCE.
Marchandise de Paris.	Grand battant, 0ᵐ333 s 0ᵐ110 Petit battant, 0 250 0 080 Doublette, 0 333 0 060 Echantillon, 0 250 0 040 Membrure, 0 165 0 080 Entrevoux, 0 250 0 030 Chevron, 0 080 0 080 Membrette, 0 180 s 0 05, 0 06 *(Longueur de 2ᵐ au moins.)* Frise pour parquet, depuis 1ᵐ de longueur sur 0ᵐ12 à 0ᵐ13 de largeur, et 0ᵐ03 d'épaisseur.	Principalement chêne et bois durs. *Constructions civiles et industrielles. Ebénisterie, menuiserie, machines.*	Id.
Marchandises locales.	Planche, épaisseur, de 0ᵐ027 à 0ᵐ054; lambris, épaisseur de 0ᵐ013 à 0ᵐ022; madriers, épaisseur, de 0ᵐ054 et plus.	Idem.	Id.
Marine.	Tarifs de la marine. (Voir à la fin du volume.)	Feuillus et résineux. *Constructions navales.*	Id.
Merrain auxerrois.	Douves, de 0ᵐ812 de longueur sur 0ᵐ081 à 0ᵐ135 de largeur et 0ᵐ0217 à 0ᵐ0244 d'épaiss. Fonds, de 0ᵐ541 de longueur sur 0ᵐ054 à 0ᵐ217 de largeur et 0ᵐ0189 à 0ᵐ0217 d'épaiss.	Chêne. *Fabrication des tonneaux.* Le millier de merrain est le nombre de pièces nécessaire pour fabriquer 150 feuillettes de 135 à 140 litr.	Id.

DÉSIGNATION des produits façonnés.	DIMENSIONS.	EMPLOIS ET USAGES.	PROVENANCE.
Merrain bordelais.	Douves, de 0^m929 à 0^m975 de longueur sur une épaisseur de 0^m025 à 0^m032. Fonds, de 0^m680 de longueur sur une épaisseur de 0^m025 à 0^m032.	*Les tonneaux normands, orléanais et bordelais* sont de 228 litres, et il faut 4,350 pièces, cubant 4^m500, pour en faire cent. Il entre par tonneau de 228 litres, $0^{mc}045$ de bois fabriqué, et environ $0^{mc}100$ de bois en grume.	Coupes principales.
Merrain mâconnais.	Douves, de 0^m893 à 0^m947 de longueur sur 0^m108 à 0^m162 de largeur et 0^m025 d'épaisseur. Fonds, de 0^m650 de longueur, 0^m108 à 0^m217 de largeur et 0^m027 d'épaisseur.	Le millier de merrain est le nombre de pièces nécessaire pour fabriquer 96 tonneaux de 228 à 230 litres.	Id.
Papier.	Bois de quartier, depuis 0^m24 de tour et au-dessus; bois de rondin, de 0^m08 à 0^m24.	Tremble, épicéa, peuplier, tilleul. *Pâte à papier.*	Coupes d'*éclaircie* et de taillis.

DÉSIGNATION des produits façonnés.	DIMENSIONS.	EMPLOIS ET USAGES.	PROVENANCE.
Perches à houblon.	Longueur, de 5^m80 à 10^m, avec 0^m40 de tour au plus.	Toutes essences, surtout les essences résineuses. *Culture du houblon.*	Coupes d'éclaircie.
Perches de service.	De 0^m40 à 0^m80 de tour, sur 5^m de longueur et au-dessus.	Toutes essences, surtout les essences résineuses. *Perches d'échelles et d'échafaudages, brancards de voitures,* etc.	Id.
Perches (menues).	De 0^m08 à 0^m12 de diamètre au petit bout, sur 2^m50 de longueur.	Toutes essences, surtout les essences résineuses. *Tuteurs, manches d'outils, clôtures, perches à lessive,* etc.	Id.
Pilots.	Pièces écorcées, de 1^m949 à 7^m796 de longueur, sur 0^m54 à 0^m81 de tour. Pièces écorcées, de 12 à 15^m de longueur sur 0^m60 de tour au petit bout.	Chêne, aulne, sapin, etc. *Endiguage, consolidation du bord des rivières, ruisseaux, étangs, lacs, ports de mer,* etc.	Id.
Placage.	Se débite dans des plateaux qui ont depuis 0^m33 d'épaisseur.	Chêne, frêne, érable, noyer, if, acajou, palissandre, thuya, etc.	Coupes principales.

DÉSIGNATION des produits façonnés.	DIMENSIONS.	EMPLOIS ET USAGES.	PROVENANCE.
Planche.	De menuiserie, depuis 4^m de longueur sur une épaisseur de 0^{m}036 à 0^{m}041 et une largeur variable. Ordinaire, épaisseur, 0^{m}027. 12/9 ou marchande, longueur, 4^m; largeur, 0^{m}25; épaisseur, 0^{m}027. Lambris, épaisseur, de 0^{m}010 à 0^{m}022.	Essences résineuses. *Constructions civiles et industrielles, ébénisterie, menuiserie, etc.*	Coupes d'*éclaircie* et coupes principales.
Poteaux ou étais.	Longueur, 3^m, 4^m, 5^m, 6^m et 7^m; diamètre au petit bout, de 0^{m}08 à 0^{m}13.	Essences diverses, principalement bois résineux. *Exploitation des mines et minières.*	Coupes d'*éclaircie*.
Poteaux télégraphiques.	Longueur, 6^{m}5, 8^m, 10^m, 12^m; circonférence à 1^{m}33 de hauteur, 0^{m}40 à 0^{m}80.	Essences résineuses, essences feuillues à bois tendre, bois injectés. *Télégraphie électrique.*	Id.

DÉSIGNATION des produits façonnés.	DIMENSIONS.	EMPLOIS ET USAGES.	PROVENANCE.
Râclerie.	Dimensions variables.	Essences diverses, principalement le hêtre. *Fûts de bâts et de selles, jougs de bœufs, pelles, étuis, copeaux pour les gainiers, battoirs à lessive, brosses, etc.*	Coupes de taillis et de futaie.
Sabotage.	Sabots d'hommes, longueur, 0^{m}325 sur 0^{m}487 de tour. Sabots de femmes, longueur, 0^{m}244 sur 0^{m}406 de tour. Sabots d'enfants, longueur, 0^{m}135 sur 0^{m}217 de tour.	Hêtre, bouleau, tremble, aulne, tilleul, érable. *Chaussure.* Se vend à la grosse, qui est de 156 paires assorties. Un mètre cube au quart donne en moyenne 90 paires assorties.	Coupes principales de taillis et de futaie.
Vasellerie.	Dimensions variables.	Essences diverses. *Seaux, sébiles, gamelles, moules à pain, beurières, etc.*	Coupes de taillis et de futaie.

DEUXIÈME PARTIE.

AMÉNAGEMENT ET EXÉCUTION.

CHAPITRE PREMIER.

GÉNÉRALITÉS.

82. — *Principes de l'aménagement.* Les forêts s'exploitent suivant le besoin, c'est-à-dire quand elles renferment des bois utilisables et d'un prix rémunérateur.

Anciennement il y avait peu de besoins ; on coupait sans ordre et on prenait les bois exploitables aux endroits où ils se trouvaient. Il en résultait la plus grande variété dans le peuplement des forêts. Tantôt on avait seulement coupé quelques arbres çà et là. Tantôt on avait coupé des bouquets de bois ou même des massifs entiers, dont les arbres avaient été vendus sans réserve. Ailleurs, les arbres laissés sur pied étaient disposés de telle sorte que le sol s'était couvert de semis ; ou bien, on avait dégagé, par la coupe d'arbres mûrs, une jeune futaie qui s'était produite et avait vécu plus ou moins longtemps sous leur ombrage. Sur d'autres points, après une coupe à blanc étoc, ou dans laquelle on avait laissé seulement quelques futaies, il s'était produit un repeuplement de rejets de souche.

Ces cas particuliers et d'autres encore se présentaient avec plus ou moins de netteté, et offraient un vaste champ d'études aux forestiers qui commencèrent à réglementer l'exploitation des bois (1).

Le traitement ne fut d'abord que la généralisation d'un genre de coupe. On prescrivit, suivant les circonstances, les coupes qui s'adaptaient le mieux aux convenances de la vente et qui donnaient le plus de profit au propriétaire.

Dans la suite, ces prescriptions sur la manière d'exploiter devinrent des méthodes systématiques, et les discussions qui s'élevèrent à leur sujet ne sont pas encore complétement épuisées.

83. Nous avons vu que l'aménagement est la réglementation du traitement pour un certain nombre d'années, et que le traitement d'une forêt est l'ensemble des opérations à faire pour l'exploiter et l'améliorer.

Quand on se propose d'aménager une forêt, il faut recueillir d'abord les renseignements statistiques qui la concernent : *nom, origine, situation, limites, exposition, sol, climat, altitude, essences, peuplements,* et faire une étude approfondie du *traitement* qui a été suivi et des *servitudes* qui pèsent sur la forêt.

Ensuite, il faut lever et rapporter sur le plan les *chemins existants,* les *ruisseaux,* les *crètes de montagnes,* et en gé-

____

(1) La plus ancienne ordonnance d'aménagement est celle de Charles IX, de 1573, qui fixait à cent ans le terme de l'exploitation des bois royaux.

néral tout ce qui peut servir de *signes de démarcation* entre les différentes parties de la forêt. Il convient, s'il y a lieu, de rectifier les anciens chemins et d'en tracer de nouveaux. (Voir Exécution des travaux, § 138 et suivants.)

84. *Aménagement sur le terrain.* Pour qu'il soit facile d'apporter de l'ordre dans les exploitations, de classer les renseignements sur le produit des coupes et sur le matériel de la futaie réservée, enfin de contrôler les diverses opérations forestières, il est nécessaire de partager la forêt en un certain nombre de divisions bien délimitées sur le terrain et rapportées sur les plans, ce qui constitue *l'aménagement sur le terrain.*

Ces divisions doivent être à peu près égales entre elles, aboutir sur les principaux chemins qui servent à l'enlèvement des produits, et n'avoir qu'une faible étendue. Elles seront limitées par des chemins, des ruisseaux, des crêtes de montagnes, etc., et, à leur défaut, par des tranchées droites, défrichées et fixées à leurs extrémités par des bornes, par des cordons, des bouts de mur ou de fossé. (Voir Exécution des travaux, § 138 et suivants.)

85. *Prévision des exploitations.* Les divisions servent d'abord à arrêter les prévisions de coupes, c'est-à-dire à désigner, pour un certain nombre d'années, les coupes que l'on peut exploiter et l'ordre dans lequel elles doivent se succéder.

L'étude de la forêt, qui doit précéder la prévision, a pour but de préciser par division la consistance des peuplements existants, la proportion du matériel à enlever pendant la durée de la prévision et le degré d'urgence des coupes.

Ce travail peut être résumé dans le tableau suivant :

ÉTUDE PRÉPARATOIRE.

Forét de

Divisions.		Cantons.	Ages.	Matériel		Ordre de succession des coupes.	Nature des peuplements.	Renseignements et observations.
Lettres.	Surfaces			existant	à enlever.			

86. Dans les taillis, on fixe communément un âge uniforme pour l'exploitation, de telle sorte que, si cet âge est 30 ans par exemple, chaque coupe revient tous les 30 ans en tour d'exploitation. Il est rare que toutes les coupes d'une même forêt s'accommodent également bien d'être exploitées au même âge (1), et la plupart du temps on est conduit par cette méthode à retarder trop l'exploitation de quelques coupes, ce qui est une cause de perte et souvent de découragement pour le propriétaire.

On évitera cet inconvénient en arrêtant périodiquement, tous les cinq ans par exemple, un état des coupes qui peuvent être exploitées pendant cette durée. Cette prévision peut être mise sous forme d'état.

ÉTAT DE PRÉVISION DE COUPE POUR UNE DURÉE DE... ANS.

Forét de....

Division de la forêt.	Années probables de l'exploitation.	Description sommaire des exploitations.	Évaluation des produits en matière.					
			Coupes principales.		Coupes d'éclaircie		Coupes de nettoiement.	
			Prévision.	Réalisation.	Prévision.	Réalisation.	Prévision.	Réalisation.

(1) On peut d'ailleurs avoir intérêt à avancer ou à reculer l'exploitation d'une coupe.

De cette manière, chaque coupe sera exploitée pour le moment convenable, et non plus à des époques prématurées ou tardives, comme il arrive quelquefois avec la méthode des révolutions, qui est l'objet de critiques anciennes, au nombre desquelles on doit citer celle de Buffon (1). L'état de prévision est un renseignement, une sorte de *memento* indiquant, lorsqu'on se propose de faire des coupes, celles qu'il est le plus utile d'exploiter, et l'ordre à suivre.

87. Les forêts renfermant l'épargne d'une suite d'années et souvent des richesses considérables, doivent, par cette raison fournir des ressources pour les besoins extraordinaires. Ces ressources s'obtiennent par la réalisation du matériel surabondant et d'une partie du matériel d'exploitation. Les coupes extraordinaires doivent être indiquées à l'état de prévision.

(1) « .... Un père de famille, un homme arrangé qui se trouve
» propriétaire d'une quantité un peu considérable de bois taillis,
» commence par les faire arpenter, borner, diviser et mettre en
» coupe réglée ; il s'imagine que c'est là le plus haut point
» d'économie : tous les ans, il vend le même nombre d'arpents ;
» de cette façon, ses bois deviennent un revenu annuel. Il se
» sait bon gré de cette règle, et c'est cette apparence d'ordre
» qui a fait prendre faveur aux coupes réglées. Cependant, il
» s'en faut bien que ce soit là le moyen de tirer de ses taillis
» tout le parti qu'on en pourrait obtenir. Ces coupes réglées ne
» sont bonnes que pour ceux qui ont des terres éloignées qu'ils
» ne peuvent visiter : la coupe réglée de leurs bois est une espèce
» de ferme ; ils comptent sur le produit et le reçoivent sans se don-
» ner aucun soin. Cela doit convenir à grand nombre de gens ;
» mais pour ceux dont l'habitation se trouve fixée à la campagne,
» et même pour ceux qui vont y passer un certain temps toutes
» les années, il leur est facile de mieux organiser les coupes de
» leurs bois taillis.... »

CHAPITRE II.

EXÉCUTION DES COUPES.

88. — Nous posons en principe que les exploitations doivent être faites par coupe ou division entière. Si une division ne peut être achevée dans l'année, elle doit être terminée l'année suivante, avant d'en entreprendre une autre.

89. Nous entendons par *coupe ou division régulière*, celle qui est débarrassée du matériel superflu et qui a en même temps le matériel d'exploitation nécessaire pour tirer le meilleur parti de la fertilité.

Le but des exploitations est alors d'enlever périodiquement le matériel surabondant qui provient des accroissements annuels cumulés depuis l'exploitation précédente, et d'assurer la régénération. Elles se distinguent en :

1° Coupes principales de futaie ;

2° Coupes principales de taillis ;

3° Coupes principales de futaie et de taillis ;

4° Coupes d'éclaircie ;

5° Coupes de nettoiement avec préparation de futaie.

90. Nous entendons par *coupe ou division irrégulière* celle qui renferme du matériel superflu, c'est-à-dire plus d'arbres qu'il n'en faut, eu égard à leurs dimensions et à leur

vigueur, pour réaliser le plus grand accroissement et tirer le meilleur parti de la fertilité. Les coupes qui ont un matériel insuffisant ou mal réparti sont encore des coupes irrégulières. Dans les coupes irrégulières, qui sont de beaucoup les plus nombreuses, les exploitations sont dites de régularisation et participent des cinq espèces de coupes régulières.

91. Dans toutes les forêts il se fait des bois secs, chablis et de délit, donnant lieu annuellement à des exploitations qui doivent s'étendre partout où il en est besoin.

92. *Marteau et martelage.* Un marteau particulier sert exclusivement pour la marque des arbres à réserver ou à abandonner dans les coupes.

Le propriétaire fait lui-même le martelage ou délègue la personne qui doit le remplacer, et lui remet le marteau, qui est rendu après l'opération.

La marque est frappée sur un blanchis fait à l'arbre avec la hachette du marteau ou avec la hache ordinaire.

On distingue deux sortes de marques : la marque en délivrance et la marque en réserve.

93. La *marque en délivrance* consiste en deux coups de marteau, l'un à la racine, l'autre au corps de l'arbre.

La *marque en réserve* se fait de différentes manières :

1° Dans les futaies pleines, elle consiste en une seule empreinte du marteau, ordinairement à une faible hauteur au-dessus de la racine.

2° Dans les taillis où l'on conserve des futaies, on distingue en général trois catégories de réserves :

Les brins de l'âge du taillis, appelés *baliveaux*, ont une seule empreinte à la racine ;

Les futaies de deux âges, appelées *modernes*, ont deux empreintes à la racine séparées par une plaque d'écorce intacte et d'une faible largeur.

Les futaies de trois âges et au-dessus, sont généralement comprises sous la dénomination d'*anciens*, et reçoivent une seule empreinte à la racine.

Il est d'usage de rédiger procès-verbal du martelage des coupes. Nous donnons, à la fin du volume, une formule de procès-verbal de martelage et de récolement.

94. *Coupes principales de futaie.* Les coupes principales de futaie se font dans les forêts résineuses, et dans les futaies feuillues. Elles ont pour but d'assurer la reproduction de la forêt, et nous avons vu dans la culture de quelle manière on doit opérer.

Il est d'usage, dans les coupes irrégulières, de marquer en délivrance les bois résineux et en réserve les bois feuillus, de sorte que les bois résineux non frappés sont réservés de droit, tandis que les bois feuillus non marqués sont abandonnés à l'exploitation.

Dans les coupes régulières, on martèle en réserve les résineux et les feuillus, et tous les arbres non marqués sont abandonnés à l'exploitation.

Les arbres réservés et ceux qui doivent être abattus sont mesurés à 1ᵐ33 de hauteur.

95. *Coupes principales de taillis.* Dans les taillis où l'on ne conserve pas de futaies, les coupes se font à blanc étoc dès que les bois sont exploitables.

La reproduction de la forêt se fait par les rejets de souches.

S'il y a des résineux dans la coupe, ils sont réservés de droit et sans marque.

96. *Coupes principales de taillis et de futaie.* Dans les taillis où il y a des réserves, la coupe des futaies se fait la même année que la coupe du taillis. Le taillis est coupé et façonné d'abord, puis on abat les futaies.

La reproduction de la forêt est assurée par les rejets de souches et par les futaies réservées au balivage.

Nous avons vu dans la culture que la composition du balivage est d'une grande importance. Il est utile de le faire ressortir par un calcul que nous établirons d'après les données du § 54.

Balivage de 70 réserves par hectare réparties de la manière suivante :

	Valant ensemble :	Devenant au bout de la révolution de 20 ans :	
40 baliveaux de 20 ans	14 fr.	120 fr.	
10 modernes, de 40 ans	30	160	
10 anciens, de 60 ans	160	500	1,680 fr.
10 anciens, de 80 ans	500	900	
70	704	1,680	

Balivage de 250 réserves réparties de la manière suivante :

	Valant ensemble :	Devenant au bout de la révolution de 20 ans :	
140 baliveaux de 20 ans	49 fr.	420 fr.	
85 modernes, de 40 ans	255	1,360	3,030 fr.
25 anciens, de 60 ans	400	1,250	
250	704	3,030	

Dans ces deux hypothèses, la réserve a même valeur; le dommage qu'elle causerait au taillis serait sensiblement le même, car dans les taillis qui ne dépassent pas l'âge de 20 ans, il n'y a que les anciens, et surtout ceux de deux âges et au-dessus, qui causent un dommage réel.

Dans la première hypothèse, le revenu est de 976 francs, et correspond à l'intérêt composé pendant 20 ans au taux de 4 1/2 0/0 de la réserve initiale.

Dans la seconde hypothèse, le revenu est de 2,326 francs, deux fois et demie le précédent, et correspond à l'intérêt composé pendant 20 ans, au taux de 7 1/2 0/0 de la même réserve initiale.

97. Il est d'usage de faire le martelage des réserves avant de commencer l'exploitation du taillis. Toutefois, lorsque le propriétaire exploite pour son compte, il vaut mieux ne faire le martelage qu'après l'abattage du taillis. On fait, dans ce cas, réserver par le garde, qui en opère la désignation devant les coupeurs, un nombre de baliveaux plus considérable d'un tiers environ que celui qui doit être définitivement marqué. Aussitôt après l'abattage du taillis et avant le commencement de la coupe des futaies, le propriétaire choisit et marque les futaies feuillues de toute catégorie.

S'il y a des résineux dans les taillis, on marque en délivrance, en même temps que les futaies feuillues, ceux qui doivent être exploités. Tous les bois feuillus non marqués sont abandonnés à l'exploitation, et tous les résineux non marqués sont réservés de droit.

Les futaies réservées et celles qui doivent être abattues sont mesurées à 1ᵐ33 de hauteur.

98. *Coupes d'éclaircie.* Nous avons vu dans la culture en quoi consistent les coupes d'éclaircie.

D'une manière générale, elles ont pour objet de prévenir la lutte dans les peuplements et doivent se renouveler à de courts intervalles.

Forêts résineuses et futaies feuillues. Lorsque les arbres de la division à éclaircir ont plus de six décimètres de tour à 1^m33 de hauteur, le martelage se fait comme pour les coupes principales.

Lorsque les arbres de la division à éclaircir ont en majorité moins de six décimètres de tour à 1^m33 de hauteur, au lieu de faire un martelage, on désigne par un griffage les arbres à abattre. Ce griffage donne lieu, pendant la durée de l'exploitation, à deux opérations distinctes : — la première opération est faite par le garde, et consiste à désigner aux coupeurs les arbres dominés ou dépérissants et les menus bois qu'il est inutile de laisser sur le sol et qui doivent être enlevés comme nettoiement ; — la seconde opération est faite par le propriétaire, dès que la première partie de la coupe est terminée : elle consiste à désigner tous les arbres qui doivent tomber dans l'éclaircie proprement dite, et a pour but de compléter l'enlèvement du matériel superflu.

Forêts de taillis. L'éclaircie, dans les forêts de taillis, se fait sans griffage, sous la direction et la surveillance du garde et d'après les indications du propriétaire.

Forêts de taillis et de futaie. Dans ces forêts, l'éclaircie se fait comme dans les taillis. En faisant l'éclaircie on complète la *préparation de futaie*, on taille les futaies réservées dans les exploitations antérieures, et, s'il y a lieu, on exploite, après *martelage en délivrance*, les futaies qu'il peut être utile d'enlever.

Après l'éclaircie, on mesure à 1m33 de hauteur, savoir : — dans les futaies résineuses et dans les futaies feuillues, les arbres qui ont six décimètres et plus de tour; — dans les forêts de taillis et de futaies, toutes les réserves qui ont été faites à la coupe principale.

99. *Coupes de nettoiement avec préparation de futaie.* Cette coupe, qui se fait dans les peuplements trop jeunes encore pour être éclaircis, comprend deux opérations distinctes : le *nettoiement* et la *préparation de futaie.* Ces deux opérations ont été décrites dans la culture ; elles se font sans griffage, sous la surveillance et la direction du garde et d'après les indications du propriétaire.

100. *Coupes de régularisation.* Les coupes de régularisation se font dans les forêts irrégulières.

Elles ont pour but l'enlèvement du matériel superflu qui, dans une même division, nécessite tantôt la coupe de bois exploitables, tantôt l'éclaircie dans des peuplements déjà forts, tantôt des nettoiements avec préparation de futaie, etc.

Lorsque le matériel d'exploitation est insuffisant, mais groupé et mal réparti à la surface du sol, ce qui est le cas le plus ordinaire, elles consistent à desserrer progressivement les groupes.

La marque des arbres se fait comme dans les coupes régulières et demande beaucoup de soin.

En règle générale, on doit donner aux arbres réservés, dans chacune des nuances de peuplement de la division, l'espace dont ils ont besoin eu égard à leurs dimensions, à leur vigueur et au temps qui doit s'écouler jusqu'au retour de la coupe. On procède de la manière suivante :

Si le nombre des arbres exploitables est considérable, on commence par faire le martelage de cette partie de la coupe, et, après son exploitation, on fait les éclaircies, nettoiements et coupes de taillis.

Si, au contraire, ce sont les jeunes bois qui forment la majorité du peuplement, on commence par faire faire, sous la direction du garde, la première partie de l'éclaircie. Lorsqu'elle est terminée, le propriétaire martèle les arbres exploitables, et, après leur abattage, désigne les bois à enlever pour compléter l'éclaircie.

Après la coupe de régularisation, on mesure les réserves qui ont 6 décimètres et plus de tour à 1^{m}33 de hauteur.

101. *Coupes de bois sec, chablis et de délit.* Les bois secs, chablis et de délit, sont mesurés par le garde, et ce travail est consigné dans un état de la forme suivante, qui peut en général tenir lieu de martelage.

ÉTAT DE CUBAGE.

Forêt de.....   *Garde N***.*

Divisions.	ESSENCES.	Numéros des billes.	Longueur	Circonférence.	CUBE	
					par bille.	total.

CHAPITRE III.

RÉCOLEMENT.

102. Le récolement est l'acte du propriétaire qui se rend compte par lui-même des travaux exécutés en forêt, et plus particulièrement du résultat des exploitations.

Il consiste à s'assurer de l'exécution des marchés, surtout de l'exploitation des coupes et de la conservation des réserves.

Les réserves, au récolement, sont comptées et mesurées de la même manière qu'au martelage. (V. §§ 94, 97 et 100.)

Il est d'usage de rédiger procès-verbal du récolement des coupes. Nous donnons, à la fin du volume, une formule de procès-verbal de martelage et de récolement.

Le récolement est une opération importante et d'un effet très utile sur le personnel forestier. Les bons agents aiment beaucoup la vérification d'un propriétaire éclairé et soigneux de ses intérêts.

CHAPITRE IV.

APPLICATION.

103. Le *compas forestier* est un compas d'épaisseur ordinairement en bois, gradué à la circonférence de deux en deux décimètres, et servant à mesurer les arbres dans les martelages, dans les récolements et dans les recensements qu'il peut être utile de faire d'une ou de plusieurs divisions, et quelquefois de l'ensemble de la forêt.

COMPAS FORESTIER.

Règle.	Largeur,	0m070
	Epaisseur,	0 008
	Longueur,	1 100
Branche verticale fixe	renforcée à l'assemblage. amincie vers l'extrémité. Longueur 0m40 depuis la règle.	
Branche verticale mobile	semblable à la précédente; on prévient l'usure en doublant en zinc ou en cuivre les faces de la mortaise.	

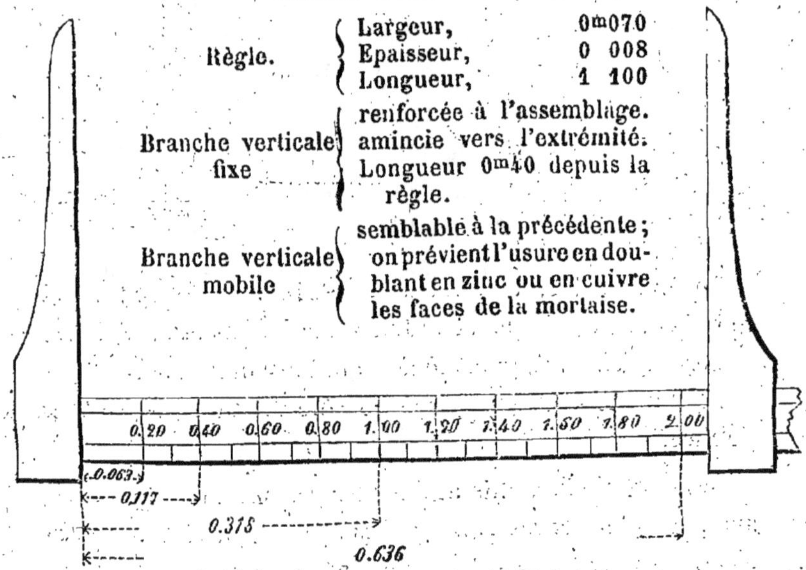

AMÉNAGEMENT ET EXÉCUTION.

Les arbres sont mesurés à 1ᵐ33 de hauteur.

Dans les martelages, les arbres non frappés du marteau sont griffés après avoir été mesurés et appelés.

GRIFFE A ANNEAU.

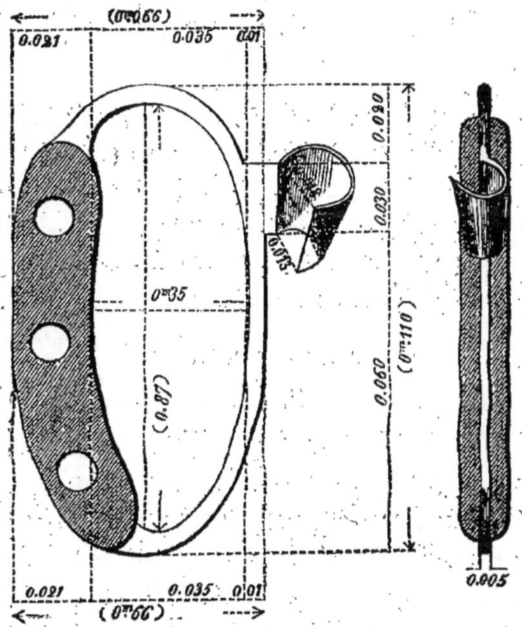

Le fer qui forme l'anneau a 0ᵐ010 sur 0ᵐ005; il est aplati sous la poignée et affleure en dedans et en dehors.

Les angles du fer sont légèrement arrondis à la lime.

Le taillant doit être placé comme l'indique le croquis de face.

Dans les récolements et dans les recensements par division, tous les arbres sont griffés après avoir été mesurés et appelés, et il en est tenu note au calepin.

CALEPIN D'OPÉRATIONS.

Forêt de..... Division..... Martelage du.....

Circonfé-rence à 1m33 de hauteur.	RÉSERVE.		Classe du tarif.	ABANDON.		Classe du tarif. ....
	Sapin.	Chêne.	Essences diverses.	Sapin.	Chêne.	Essences diverses.
0m20	4					
0 40	5					
0 60	9					
0 80	10					
1 »	1					
1 20	8					
»	»					
»	»					

NOTA. La disposition du calepin varie suivant l'opération à faire.

104. Un état est disposé pour recevoir l'annotation claire et complète, par division, du résultat des mesurages et de l'estimation de la réserve.

Les arbres qui ont moins de 6 décimètres de tour à 1m33 de hauteur, ne sont pas portés à l'état de la réserve, lorsqu'il s'agit de sapinières et de futaies pleines, mais seulement lorsqu'il s'agit de forêts de taillis et de futaie. Dans ce dernier cas, on tient note des réserves, quelle que soit leur grosseur.

Les arbres réservés sont groupés par essences et classés d'après leur grosseur, de deux en deux décimètres.

Les estimations sont faites en mètres cubes grumes, à l'aide du tarif adopté pour la forêt.

Une série de feuilles est attribuée à chaque division, et

l'on y inscrit en suivant, les résultats obtenus aux martelages, aux récolements, et aux vérifications ou recensements qui peuvent être faits dans l'intervalle des coupes.

ÉTAT DE LA FUTAIE RÉSERVÉE (ou exploitée. Voir le § suivant).

Forêt de..... Division..... Contenance.

Circonférence à 1m33 de hauteur.	Essence sapin.		Essence chêne.		Essences diverses		Observations
	Nombre.	Cube.	Nombre.	Cube.	Nombre.	Cube.	

105. Il convient d'établir, pour la futaie abandonnée à
l'exploitation, le même état que pour la futaie réservée.
(Voir le modèle précédent.)

106. Les *travaux d'entretien et d'amélioration*, indépen-
dants du traitement et de l'aménagement, ont différents
objets : les chemins d'exploitation, les clôtures, l'assainissement des parties humides, le repiquement des places
vides, la plantation de bonnes essences dans les parties
où elles ont disparu, l'introduction d'essences nouvelles,
etc.

Les bons chemins augmentent la valeur des bois ; les
assainissements activent la croissance et améliorent l'essence et la qualité du bois, etc.

Ces différents travaux seront étudiés avec soin, exécutés
dans une juste mesure et avec économie, et régulièrement suivis. (Voir exécution des travaux, 4e partie, chapitre V.)

Dans ce but, il convient de faire des prévisions de travaux d'entretien et d'amélioration. Au moment des coupes, on révise ces prévisions, et l'on fait exécuter, immédiatement après l'exploitation et aussi rapidement que possible, les travaux dont l'utilité a été définitivement reconnue.

L'état des travaux peut être établi d'après le modèle suivant.

ÉTAT DES TRAVAUX.

Forêt de....

Divisions.	TRAVAUX PRÉVUS.		TRAVAUX EXÉCUTÉS.	
	Description.	Estimation.	Description et observations sur les travaux.	Dépense.

107. *Cahier d'aménagement.* La réunion des notes et renseignements concernant la réglementation du traitement, forme le cahier d'aménagement qui renferme :

1° Les renseignements statistiques (Voir § 83) ;

2° L'étude de la forêt (Voir § 85, modèle d'étude préparatoire);

3° L'état de prévision des coupes (Voir § 86) ;

4° L'état de la futaie réservée (Voir § 104) ;

5° L'état de la futaie abandonnée (Voir § 105);

6° L'état des travaux d'entretien et d'amélioration (Voir § 106);

7° L'état des chemins et servitudes de la forêt.

4*

TROISIÈME PARTIE.

COMPTABILITÉ.

CHAPITRE PREMIER.

PRINCIPE FONDAMENTAL.

109. La comptabilité forestière n'est, à proprement parler, qu'une tenue de livres en partie double, établie d'après les données de livrés auxiliaires spéciaux à l'art forestier.

110. Tout propriétaire ou industriel étant dans l'usage de faire rentrer ses comptes forestiers dans sa comptabilité générale, nous nous bornerons ici à quelques notions sommaires sur la tenue des livres que tout comptable est à même de tenir, pour nous attacher spécialement aux livres auxiliaires.

La loi prescrit trois livres au négociant :

Le journal,

L'inventaire,

Et le copie de lettres ;

et généralement tout commerçant y adjoint :

Le brouillard,

Le grand livre,

Et le carnet d'échéances, ou copie d'effets.

Le *brouillard* sert à inscrire, jour par jour, les ventes, achats, négociations, paiements, impositions, et tout ce qui se fait dans la journée ayant rapport au commerce.

Le *journal* est le relevé exact du brouillard ; la loi exige qu'il soit tenu sans rature ni surcharge. Pour le tenir, il faut distinguer les débiteurs et les créanciers. On le divise en plusieurs comptes, tels que ceux de *capital, caisse, effets, bois et charbon, compte de l'agent, usines,* etc.

L'*inventaire* est le livre sur lequel le négociant inscrit son inventaire général, son actif et son passif, c'est-à-dire ce qu'il possède et ce qu'il doit.

L'inventaire et le journal doivent être visés et paraphés chaque année par le président du tribunal de commerce de l'arrondissement ou son délégué.

Le *copie de lettres* sert à copier littéralement et par ordre de dates, les lettres que l'on envoie. — On doit mettre toutes celles que l'on reçoit en liasses, également par ordre de dates, et les conserver, d'après la loi, dix ans.

Le *grand livre,* ouvert par doit et avoir, renferme tous les comptes les uns à la suite des autres, les principaux d'abord.

Le *carnet d'échéances,* appelé aussi *copie d'effets,* sert à inscrire tous les effets à recevoir du côté du *doit,* et tous ceux à payer du côté de l'*avoir.* Il en est de même pour tous les autres livres.

111. *Comptes.* Nous avons vu que, pour tenir le journal, il fallait avoir plusieurs *chapitres* ou *comptes,* tels que ceux de capital, caisse, effets, etc.

Compte de capital représente l'actif et le passif du négociant ou propriétaire, les sommes qu'il doit et celles qu'il possède.—Du côté du *doit*, sont placées en bloc celles qu'il doit, et du côté de l'*avoir*, celles qu'il possède.

Compte de caisse, est débité de toutes les sommes reçues, et crédité de toutes les sommes versées.

Il en est de même pour tous les comptes qui peuvent se présenter ou que l'on peut ouvrir à une industrie quelconque, à une exploitation ou à un particulier, tels que ceux de *bois et charbon*, *usines*, *forêts*, etc.

D'où le principe est d'ouvrir un compte à n'importe qui, ou à quelque chose que ce soit ou qui se présente.

En général, la tenue des livres se résume dans les règles suivantes :

Tout compte qui reçoit doit, et

Il est dû à tout compte qui donne.

— Tout ce qui entre doit être débité, et

Tout ce qui sort doit être crédité.

CHAPITRE II.

COMPTABILITÉ FORESTIÈRE.

112. *Journal forestier.* Outre son carnet de poche, tout agent forestier doit tenir un *journal forestier mensuel*, indiquant ses *recettes* et ses *dépenses*, ainsi que ses *frais de tournée*. Ce livre tient lieu dans la comptabilité particulière de *Brouillard* et de *Journal.*

Parmi ses dépenses, il doit avoir grand soin de faire ressortir sur le Journal les sommes versées en à-compte aux ouvriers, de celles qui sont réglées définitivement, ou bien diviser ses dépenses en définitives et avances par un quatrième chapitre *à-compte.*

EXEMPLE DE TENUE D'UN JOURNAL FORESTIER.

Mois de mai 1869.

Dates.	Comptes au Journal.		Re-cettes.	Dépenses	Tournées	A-comptes.
1	2	3	4	5	6	7
		En caisse au 1er mai 1869 . . .	1,200	»	»	» »
		Report des à-comptes.	»	»	»	14,000 »
2 mai.	Normanvillars.	A Fernier, sur coupage	»	»	»	20 »
		A Charles, pour taille de futaie à raison de 20 centimes par pied.	»	»	»	50 »
3 id.		Reçu, prix de 20 perches frêne. .	80	»	»	» »
		Id., id. 2 stères tremble . .	10	»	»	» »
5 id.	Saint-André.	A Jean, sur coupage	»	»	»	15 »
		A Sion, pour préparation de futaie dans une coupe de 4 ans, à raison de 4 fr. l'hectare . . .	»	»	»	25 »
10 id.	Truche.	Chemin réparé, 200 m. à 10 c. l'un.	»	20	»	» »
		Frais de tournée	»	»	2 »	» »
11 id.	La Mare.	Chemin de fer	»	»	1 70	» »
		Dîner	»	»	2 50	» »
		Livraison de la coupe, 2,280 stères à 70 cent. l'un, fagots et bois divers, suivant état, ensemble.	»	1,800	»	» »
		A reporter	1,290	1,820	6 20	14,110 »

Dates.	Comptes au Journal.		Recettes.	Dépenses	Tournées	A-comptes.	
1	2	3	4	5	6	7	
		Report	1,290	1,820	6 20	14,110	»
15 id.	Normanvillars.	Livraison de la coupe nº..., suivant état	»	3,000	»	»	»
25 id.	Rosemont.	Livraison des sapins de la coupe nº..., suivant état	»	1,500	»	»	»
		Entretien des chemins	»	200	»	»	»
		Reçu, produit de la vente de 20 m. cubes chêne, au détail.	800	»	»	»	»
		Frais de tournée	»	»	9 50	»	»
28 id.	Caisse.	Reçu mille francs	1,000	»	»	»	»
31 id.	Truche.	A-comptes divers au livre d'avance.	»	»	»	227 50	
			3,090	6,520	15 70	14,337 50	
						3,445 70	
		A reporter au 1er juin	»	»	»	10,881 80	

   1° Dans l'exemple donné, on voit que les recettes sont plus faibles que les dépenses, ce qui serait un non-sens si l'on ne faisait observer que les sommes versées en à-compte font partie de la caisse tant que l'emploi n'en a pas été justifié par leur mise en dépense définitive.

   2° Dans le cas où le total de la colonne 4 des recettes est plus fort que le total des colonnes 5 et 6, dépenses et tournées, la balance s'obtient en ajoutant la différence aux à-comptes, colonne 7.

113. *Livre d'avances.* Pour tenir le journal, il est nécessaire d'avoir un livre d'avances sur lequel chaque exploitation a un compte ouvert, et où toute somme versée est inscrite. Chaque mois on arrête le total, qui est reporté au journal dans la colonne des à-compte.

EXEMPLE DE TENUE DE LIVRE D'AVANCES.

Série N°   *Forêt de la Truche.*

DATES.	OUVRIERS.	Divi-sions.	NATURE du travail.	Quantité.	Prix.	Somme.	TOTAL mensuel.
	Report d'avances.						
18 mai	Morel, Louis . . .		Coupage	10st	0^f 75^c	7^f 50^c	
	Rerot, Jean . . .		Fagotage	3,000	4 »	120 »	
30 id.	Morel, Jacques . .		Elagage.	bloc.	50 »	50 »	
	Enée		Fossés.	250^m	0 20	50 »	227^f 50^c

114. *Livre d'exploitation.* Le journal forestier mis au net par compte de coupes s'appelle livre d'exploitation. Il est tenu par *doit* et *avoir*, résume la comptabilité de la forêt et sert d'auxiliaire à la comptabilité générale (Journal et Grand-Livre). Il est essentiel à tout propriétaire dont les affaires n'exigent pas une comptabilité plus étendue.

115. *Livre à souche.* Le livre à souche est employé pour les menues ventes, les expéditions, réceptions, etc.

LIVRE A SOUCHE DES MENUES VENTES.

N° 1.			
FORÊT DE.			
Livraison du.			
Nature.	Quantité.	Somme.	Total.
Perches	40	67^f	
Fagots	100	6	73^f

N° 1.		
FORÊT DE.		
Livraison du		
Nature.	Quantité.	Somme.
Perches	40	67^f
Fagots.	100	6
		73

A remettre au garde à l'enlèvement.

Le coupon est donné à l'acquéreur, qui le remet au garde à l'enlèvement. Chaque année on fait le total par forêt sur le talon.

LIVRE A SOUCHE DES EXPÉDITIONS.

N° 1.	N° 1.
FORÊT DE	FORÊT DE . . . . . .
EXPÉDITION DU	EXPÉDITION DU . . . . . .
Pour destination	
Le Chef de chantier,	Le Chef de chantier,
	A remettre à l'usine ou au destinataire.

Ce livre est tenu par les chefs d'ateliers, charbonniers, scieurs, etc., qui en détachent un coupon à chaque expédition pour servir de lettre de voiture.

Le même modèle peut servir comme déclaration de réception ou bon de paiement.

116. *Livres divers.* Indépendamment des livres précédemment indiqués, il peut être nécessaire d'en avoir d'autres, tels que livres de chantiers, de scieries, usines, etc., lorsque le propriétaire fait lui-même le commerce de ses bois.

117. *Dossier.* Toutes les pièces relatives à chaque exploitation forment un dossier à part. Ces pièces sont : le *procès-verbal de balivage et martelage, l'état de cubage, l'état de livraison,* les *marchés de transports et de ventes,* les *situations mensuelles,* les *reçus,* les *travaux d'entretien et d'amélioration,* etc.

Procès-verbal de balivage et de martelage. Le procès-verbal de balivage, dont la formule est donnée à la fin du volume, constate la réserve de la coupe. On y mentionne les arbres abandonnés à l'exploitation et on peut y joindre le récolement.

Etat de cubage. Toutes les futaies exploitées sont numérotées, cubées et classées par essences à l'état de cubage, qui sert également pour les coupes de bois secs, chablis et de délit, et dont la formule est donnée § 101.

Etat de livraison. La livraison est la réception de tous les produits en forêt et termine l'exploitation de la coupe.

Elle est préparée à l'avance par le garde contradictoirement avec les ouvriers, et contrôlée par le propriétaire ou son agent le jour de la livraison.

LIVRAISON DE LA COUPE.

Forêt de.....   *Division.....*

Ouvriers.	Stères.		Abatage.			Déracinage.	Fagots		Prix.	Sommes.	Totaux.	Observations
	Char-bon.	Choix.	Chênes	Hêtres.	Char-mes.	Chênes						

Marchés de transport et de vente. Il est traité des ventes dans le chapitre 3° de l'administration, et des marchés dans le chapitre 4. (V. ces deux chapitres, § 131 à 137.)

Situations mensuelles. Chaque mois il est fait une situation dite *mensuelle* : 1° des produits en existence en forêt ou sur les chantiers ; 2° des sommes à recouvrer.

SITUATION EN FORÊT AU.....

COUPE.	Stères			Fagots		Bois en grume.	Baraques, chantiers.	Divers.
	bois de choix	à carboniser.	en feu.	ordinaires.	d'éclaircie.			

Nota. Cet état est rempli par le garde ou par l'employé chargé des exploitations et envoyé au propriétaire ou à son administration.

SITUATION DES SOMMES A RECOUVRER.

Coupe ou division.	ACHETEURS.		Nature des produits vendus.	Date de la vente.	Sommes	Total.
	Nom.	Domicile.				

Nota. Cet état n'est autre chose que le résumé de l'état des sommes à recouvrer du livre à souche des menues ventes.

Travaux d'entretien et d'amélioration. Il est traité de

l'exécution des travaux au chapitre 5 de la 4e partie, § 138.

Reçus. Toute somme importante remise par l'agent fait l'objet d'un reçu dans la forme suivante :

Reçu de . . . .

. . . . . *la somme de* . . . .

N***   *le* 18

Fr. . . . . .

CHAPITRE III.

ORDRE DES OPÉRATIONS.

118. Au commencement de chaque année, la prévision de l'aménagement est révisée.

Sur l'état qui en est dressé (formule de prévision; § 86), on rapporte toutes les coupes à exploiter et leur produit présumé.

Cet état, approuvé par le propriétaire, est remis aux agents chargés de l'exécution, qui opèrent d'après les règles de la culture et de l'aménagement.

119. Il est dressé procès-verbal du balivage, et on arrête en même temps l'estimation définitive (formule de procès-verbal de balivage, à la fin du volume).

On procède ensuite aux ventes sur pied dont il est traité au chapitre des ventes, § 131 à 133.

120. Le propriétaire qui exploite lui-même donne ordre aux gardes dans les premiers jours de l'automne de commencer les exploitations, en lui faisant connaître les conditions et prix de façon. Cet ordre est transcrit au copie de lettres. (V. § 110.)

121. Du jour où l'exploitation est commencée, l'agent rapporte toutes ses recettes, dépenses et avances, au journal forestier, qui est arrêté chaque mois et envoyé à la comptabilité ou au propriétaire. (V. § 112.)

122. La livraison ou réception des produits a lieu dès que l'exploitation est entièrement terminée. (V. § 117.)

Le garde la prépare quelques jours à l'avance contradictoirement avec les ouvriers, et l'agent la contrôle le jour désigné à cet effet.

Il règle les ouvriers en même temps.

123. La livraison terminée, le propriétaire ou agent s'occupe de la vente et de l'enlèvement des produits façonnés. Les futaies, bois de vente et divers sont livrés aux acquéreurs ; les stères à carboniser aux charbonniers, etc.

124. La situation mensuelle établie à partir de ce moment tient au courant des progrès de l'enlèvement et se continue jusqu'à ce qu'il soit achevé. (V. § 117.)

Vient ensuite le récolement, dont l'acte est mentionné à la fin du procès-verbal de balivage et termine la coupe. (V. § 102 et modèle à la fin du volume.)

125. Dans le cas où le propriétaire utilise les produits de ses bois, il convient de remettre au garde-vente ou chef de chantier le livre à souche des expéditions.

Il en est de même pour le livre de réception tenu par le destinataire, l'usine, etc.

Et ainsi des autres livres.

QUATRIÈME PARTIE.

ADMINISTRATION ET SURVEILLANCE.

CHAPITRE PREMIER.

PRINCIPE FONDAMENTAL.

126. Un propriétaire peut administrer lui-même ses forêts ou en confier la gestion à un fondé de pouvoirs ou agent qu'il institue à cet effet.

Nous n'examinons ici que le cas où les propriétés sont administrées par un agent.

127. Le service de cet agent comprendra la surveillance et la direction des exploitations, les travaux d'amélioration et d'entretien, et enfin la comptabilité qui y est relative.

Il passera encore les marchés (v. modèles, §§ 134 à 137), fera signer les traités (v. au chapitre des ventes, § 131) et surveillera la rentrée des fonds.

128. Cet agent sera le chef du service et correspondra seul et directement avec le personnel placé sous ses ordres. Il fera des tournées fréquentes et en rendra compte au propriétaire par les situations mensuelles.

Il sera chargé tout particulièrement d'assurer l'exécution de l'ordre de service.

CHAPITRE II.

ORDRE DE SERVICE DES GARDES FORESTIERS.

129. Forêt de . . . .

. . . .

. . . .

Commune de . . . .

Canton de . . . .

Département. . . . .

Garde (1). . . . .

Entré en service le. . . . .

Résidant à . . . .

Le garde devra correspondre avec. . . . .

130. ARTICLE PREMIER. — *Entrée en service. Serment.* Les gardes n'entreront en exercice de leurs fonctions qu'après avoir rempli les formalités exigées pour valider leurs commissions. (Code forestier, art. 117.)

Les frais de prestation de serment leur seront remboursés.

ART. 2. — *Résidence.* Ils résideront dans les localités

(1) En même temps que les noms et prénoms du garde, indiquer s'il est garde-chef, en titre, mixte ou de l'administration.

qui leur auront été assignées, et ne pourront en changer sans une autorisation écrite.

ART. 3. — *Maladie.* En cas de maladie, les gardes feront prévenir immédiatement leur chef, pour que celui-ci puisse pourvoir à leur intérim.

ART. 4. — *Commerce des bois. Auberge. Surveillance des autres propriétés.* Il est défendu aux gardes, sous peine de destitution, de faire le commerce des bois, de tenir auberge ou débit de boissons, de tabacs ou autres, et de fréquenter des individus notoirement connus pour être délinquants, malfaiteurs ou braconniers.

Les gardes particuliers qui auraient accepté la surveillance d'autres propriétés privées, sans y avoir été autorisés, pourront être de plein droit déclarés démissionnaires.

ART. 5. — *Chasse.* Il leur est également interdit de chasser dans les forêts commises à leur garde, et d'y laisser chasser sans permission.

ART. 6. — *Culture. Chantiers, etc. Leurs charges.* Les gardes ne pourront cultiver les anciennes places à charbon, chantiers, emplacements de baraques ou ateliers, ni rien enlever et s'approprier, sans y avoir été préalablement autorisés.

Dans tous les cas, la culture des places à charbon et chantiers ne pourra durer plus de deux ans; après quoi, les gardes devront les repiquer à leurs frais, et en essences qui leur seront désignées.

ART. 7. — *Police des forêts. Procès-verbaux. Feu à distance prohibée. Enlèvement des terres, etc. Plants, semis, mutilation d'arbres. Pâturage. Saisies. Faux chemins. Visites domiciliaires. Délinquants inconnus. Clôture des procès-*

verbaux. Les gardes visiteront leur triage plusieurs fois par jour, souvent pendant la nuit, et même par le mauvais temps.

Ils constateront par procès-verbaux en bonne forme (modèle à la fin du volume) tous les vols, délits de bois et contraventions dont ils auront reconnu les auteurs, et signaleront sur leur registre les délits graves, lors même que les délinquants ne leur seraient point encore connus.

Ils veilleront attentivement à ce qu'on ne fasse point de feu dans l'intérieur, ni à moins de deux cents mètres à l'extérieur des forêts. (C. F., art. 148.)

Ils ne permettront pas qu'on y enlève des terres ou gazons, pierres, sables, minerais, tourbes, bruyères, genêts, herbages, feuilles vertes ou mortes, engrais, glands, faînes et autres fruits et semences (C. F., art. 144), pas plus que les chablis, bois de délits et autres productions du sol des forêts (C. F., art. 197-198); qu'on touche au sol des places à charbon, qu'on arrache des plants (C. F., art. 195), qu'on foule les jeunes semis, qu'on mutile, éhoupe ou écorce des arbres, ni qu'on en coupe les branches. (C. F., art. 196.)

Ils défendront l'entrée du bétail, des chèvres et des porcs dans les forêts, et n'y laisseront pas pratiquer de nouveaux et faux chemins. (C. F., art. 147-199.)

Les gardes sont autorisés à saisir les bestiaux trouvés en délit et les instruments, scies, haches, serpes, cognées, voitures et attelages des délinquants, et à les mettre en séquestre, ainsi que les objets enlevés, en se conformant aux lois. (C. F., art. 161 § 1, 162-167 et 198.)

Ils feront des visites domiciliaires toutes les fois que

leur service l'exigera, assistés d'un officier municipal, qu'ils requerront, au besoin, en le mentionnant sur leurs procès-verbaux. (C. F., art. 161, § 2, 162.)

Les gardes arrêteront et conduiront devant le juge de paix ou devant le maire tout inconnu qu'ils auront trouvé en flagrant délit. (C. F., art. 163.)

Ils ne manqueront pas d'affirmer et de faire enregistrer leurs procès-verbaux dans les délais prescrits (C. F., art. 165-170 § 1), et de les adresser à leur chef.

ART. 8. — *Reconnaissance des bornes.* Les gardes feront souvent une reconnaissance exacte des bornes de périmètre et d'aménagement; s'ils reconnaissent que des bornes ont été arrachées, ils tâcheront d'en découvrir les auteurs et verbaliseront.

Dans tous les cas, ils en feront mention sur leurs registres d'ordre.

Tranchées. Dégradations sur les routes. Empiétements. Ils auront soin de maintenir ouvertes et bien nettoyées les tranchées d'aménagement, ainsi que les limites séparatives d'autres propriétés, et d'empêcher les dégradations qui pourraient être commises sur les routes et chemins traversant leur triage, ainsi que les empiétements, élargissements, rectifications, etc., etc., que les administrations des routes, chemins de fer et autres pourraient faire sans autorisation.

Chemins forestiers. Ils devront entretenir spécialement les chemins forestiers, et ne prendre que pour les grandes réparations ou rectifications, des ouvriers auxquels le chef du service marchandera les travaux à exécuter.

ART. 9. — *Installation des ouvriers.* Les gardes installeront eux-mêmes tous les ouvriers qui auront à travailler dans leur triage.

Ils désigneront aux charbonniers, bûcherons, scieurs et autres ouvriers, les fauldes et emplacements de chantiers, baraques, ateliers, etc., etc., à moins que le chef du service ne l'ait déjà fait.

Surveillance des exploitations. Ils surveilleront, avec grand soin, les éclaircies, coupes, chantiers et en général toutes les exploitations et travaux, et s'assureront, dans leurs tournées, que les gardes-ventes, charbonniers ou autres ouvriers baraqués dans les forêts, ne brûlent pas de bois vert pour leur chauffage, ne tiennent pas de débits clandestins, etc., etc., enfin, qu'ils se conforment aux ordres et prescriptions donnés. Ils rendront compte au chef du service, et, en cas de flagrant délit, rédigeront immédiatement procès-verbal.

Marteaux. Les gardes choisiront et marqueront de leur marteau, qu'ils devront toujours avoir avec eux, de nouvelles réserves dans les coupes en exploitation, soit quand le balivage sera trop espacé, soit quand il y aura des réserves abattues ou rompues par les vents ou par la chute d'autres arbres, et en prendront note sur leur registre.

Ils frapperont encore de leur marteau les bois de délit et chablis, et les cuberont sur des états qu'on leur remettra. (Modèle § 101.)

Art. 10. — *Règlement. Plaque. Registre. Plan du triage, etc.* Il sera remis à chaque garde, à son entrée en service et en même temps que sa commission, les objets suivants, qu'il devra rendre à première réquisition ou à sa sortie.

Iº Le règlement;

IIº Une plaque, un marteau, une griffe et un sécateur;

IIIº Un registre folioté où il notera ses observations et procès-verbaux;

Le chef du service y inscrira les ordres qu'il donnera, et le visera à chaque tournée;

IVº Plusieurs feuilles de papier timbré pour procès-verbaux, moyennant paiement, et dont la valeur lui sera remboursée, ainsi que les frais d'enregistrement, après expédition;

Vº Et un plan du triage.

Les gardes sont, en outre, tenus d'avoir, en sus de leurs sacs, une serpe, une pelle et une pioche.

ART. 11. — *Traitement. Ports de lettres.* Le traitement des gardes est réglé par trimestre et contre reçu. (Modèle page 80.)

Ils affranchiront leurs lettres et procès-verbaux, et il leur en sera fait état à chaque trimestre.

ART. 12. — *Chauffage.* Chaque année, on désignera aux gardes qui ont droit au chauffage, les coupes où ils pourront ramasser le bois mort ou prendre des fagots.

Les gardes reconnus pour avoir vendu leur chauffage ou l'avoir cédé, en seront privés jusqu'à nouvel ordre, et pourront être destitués en cas de récidive.

CHAPITRE III.

DES VENTES.

131. Les *ventes principales*, payables à terme, seront faites de gré à gré, par soumissions cachetées, ou par adjudication devant notaire, en présence du propriétaire ou de son délégué.

Dans le premier cas, les adjudicataires souscriront des traites acceptées par des cautions solvables.

MODÈLE DE TRAITE.

(Sur timbre.)

Au . . . . les soussignés . . . . . .
. . . . s'engagent solidairement à payer à l'ordre de M . . . . la somme de . . . . . . valeur reçue en bois.

A . . . . , le . . . .

L'adjudicataire, *La caution,*

Fr. . . . .

Les ventes de menus produits seront payables au comptant. (Voir livre à souche des menues ventes, § 115.)

132. *Conditions principales d'une vente de futaie.* L'adjudication des arbres en grume se fera par soumissions cachetées et en bloc pour chaque coupe.

Les soumissions seront au mètre cube, et le mesurage au cinquième déduit pour les chênes et au quart sans déduction pour toutes les autres essences, c'est-à-dire que le cinquième ou le quart de la circonférence mesurée sur l'écorce formera le côté du carré.

Les chênes et les sapins seront livrés courant mai et même plus tôt, si faire se peut, abattus, sciés ou déracinés.

Dans les coupes à écorcer, les chênes au-dessous d'un mètre de tour à 1 m. 33 de hauteur feront partie de l'écorce.

Les arbres déracinés, abattus ou sciés, seront mesurés depuis la souche, à partir du point ou ils peuvent former le carré jusqu'à la découpe, qui se fera à 0 m. 75 de tour.

Par exception, les sapins seront livrés écorcés.

La vidange des produits devra être terminée au 31 décembre et le paiement au 15 août de la même année, en une traite au domicile du vendeur.

Pour le surplus, l'adjudicataire se conformera aux lois et règlements forestiers.

Nota. D'après ce modèle, chaque propriétaire pourra, selon ses convenances et les circonstances, ajouter ou retrancher telle condition qu'il jugera à propos.

133. *Marché d'écorces* (sur timbre). Entre M. X . . . . , propriétaire à . . . . , d'une part

Et MM. A . . . . . . et B . . . . . . marchands d'écorce à . . . . il a été conclu le marché dont la teneur suit :

X . . . . . . vend à A . . . . . . et B . . . . . acceptant, les écorces essence chêne qu'il se propose de faire exploiter au printemps prochain dans la coupe de la forêt de

. . . . . sur la commune de . . . . . . division . . . .
de la série n° . . . . d'une contenance de . . . . . .

L'abatage du chêne sera fait à la hache, en talus, de
manière que l'eau ne puisse séjourner sur la souche.

Il est à la charge et au compte des acquéreurs, qui sont
tenus de donner à la bûche une longueur de. . . . ou de
laisser les perches divisibles par longueur de . . pour ne
pas faire de fausse coupe.

*Tout brin de chêne jusqu'à un centimètre et demi de dia-
mètre devra être écorcé, et ainsi faire partie du stère, et pour
le cas où les sieurs A et B omettraient ou ne pourraient pas
tout écorcer, ils n'en seront pas moins tenus au paiement du
prix ci-après stipulé, à moins que X ne les en exonère.*

Les futaies de chêne au-dessus de 1 mètre de tour à
1 mètre 33 de hauteur ne font plus partie de l'écorce.

Il est expressément interdit d'écorcer sur pied, dans la
crainte d'abîmer les souches.

L'exploitation sera terminée pour le 15 juin prochain.

Les acquéreurs seront tenus de respecter toutes les réserves frappées du marteau (indiquer la marque), qui sont
au nombre de... (suit le détail), lesquelles devront être re-
produites au récolement sous peine de tous dommages-
intérêts.

*Le prix des écorces sera payé par les acquéreurs à raison
de . . . fr. le stère empilé au compte de X.*

*Le paiement aura lieu le . . . . de l'année prochaine,
au domicile de* **MM.** *. . . . . à . . . . . . et à va-
loir sur la somme qu'ils auront à payer, ils souscrivent à
l'instant même un billet de . . fr. à l'ordre du vendeur et
payable à ladite échéance.*

Aussitôt que le dressage des stères de chêne sera achevé, les sieurs A et B seront tenus de se rendre en forêt pour assister au décomptage, et faute par eux de s'y rendre, il y sera procédé par voie d'experts à la nomination du juge de paix du canton, afin d'éviter tout retard qui pourrait entraver la vente ou la carbonisation.

Les arbres qui n'auraient pas été façonnés en bûches seront estimés au stère, et le prix fictif entrera ainsi dans le nombre total des stères à payer à raison de . . fr. le stère.

Fait double à . . . .

Nota. Dans le cas où l'écorce est vendue à forfait, soit pour toute la coupe, soit à l'hectare, le 1er paragraphe en italique sera supprimé et les autres paragraphes en italique seront remplacés par le suivant :

*Ils paieront au vendeur la somme de . . . à . . . . le . . . . . . et à l'instant ils ont souscrit solidairement un effet de commerce à l'ordre de X***, payable au domicile de MM. . . . . à . . . . . (banquier ou agent).*

Fait double à . . . .

CHAPITRE IV.

DES MARCHÉS.

134. Les différentes entreprises qui se font en forêt doivent, autant que possible, être l'objet de marchés spéciaux. Ces entreprises consistent dans l'abatage et la façon des coupes, les transports de bois, charbons, etc., les élagages, préparations de futaies, les plantations, les constructions et entretiens de routes, etc. Ces marchés sont de différentes formes et au gré du propriétaire. Comme indications, nous en donnons quelques exemples.

135. *Marché de transport de fagots.* Entre M. X***, propriétaire à . . . . d'une part,

Et Jean-Marie, voiturier à . . . . d'autre part,

Il a été conclu le marché suivant :

Le sieur Jean-Marie s'engage à transporter à la tuilerie de la Boube, appartenant à M. X***, tous les fagots que celui-ci se propose de faire façonner dans sa coupe de *la Farine*, ordinaire 18 , et à les enlever au plus tard un mois après la livraison, sous peine de payer *un franc* par cent de fagots qui ne seraient pas enlevés immédiatement après signification, et de supporter en outre les frais de reliage desdits fagots.

Par contre, M. X*** paiera audit voiturier la somme de . . . . par cent de fagots déchargés à la tuilerie de la Boube.

Fait double à . . . .

136. *Marché de transport de charbons.* Entre M: X***, maître de forges à . . . . d'une part,

Et Pierre-Alexis, voiturier à . . . . d'autre part,

Il a été conclu le marché suivant :

Le sieur Pierre-Alexis s'engage à transporter aux forges de . . . . . et aux usines de . . . . . tous les charbons que M. X*** se propose de faire carboniser dans sa coupe du Fahy, ordinaire de 18 , au fur et à mesure de la carbonisation, sous peine de payer une somme de vingt francs par chaque quantité de dix mètres cubes de charbon qui séjournerait plus de vingt-quatre heures en forêt après signification d'enlèvement.

Par contre, M. X*** paiera audit voiturier la somme de . . . . . par chaque quantité de dix mètres cubes de charbon déchargée aux forges de . . . . et la somme de . . . . . pour la même quantité déchargée aux usines de . . . .

Fait double à . . . .

137. *Marché d'entretien des chemins.* Entre MM. A. et B., propriétaires à . . . . d'une part,

Et M. X***, entrepreneur à . . . . d'autre part,

Il a été conclu le marché suivant :

Le sieur X*** s'engage, dans le délai de six mois à partir du . . . .

1° A exécuter l'empierrement du chemin forestier dit de la Goutte du Four, c'est-à-dire de fournir six cents mètres cubes de pierre cassée, suivant les besoins.

2° Ces pierres seront soigneusement ramassées sur tout le parterre de la forêt, le long du chemin, et à défaut extraites dans les endroits et lieux qui seront ultérieurement indiqués.

3° Elles seront cassées à l'anneau de six centimètres, rendues et mises en place sur toute la longueur du chemin aux endroits désignés, en tas qu'on cubera approximativement, et en cas de désaccord, exactement, aux frais de l'entrepreneur.

4° Bien entendu que ce travail n'empêchera pas l'entrepreneur de remettre en état les détériorations et éboulements des terrassements des chemins, de réparer les aqueducs, murs et autres ouvrages qui se trouveraient défaits, et enfin de niveler les ornières et trous qui pourraient exister au moment de l'empierrement.

5° L'entrepreneur est responsable des délits et dommages causés par ses ouvriers dans les forêts du . . . . . et ce, pendant toute la durée dudit travail.

6° De leur côté, MM. A. et B. paieront à l'entrepreneur . . francs . . . centimes (en toutes lettres) par mètre cube de pierre cassée à l'anneau de six centimètres, et lui verseront, au fur et à mesure des travaux, des à-comptes qui devront rester toujours inférieurs d'au moins . . . au travail fait.

7° MM. A. et B., se réservent le droit de faire répandre

de suite ces pierres à l'entrepreneur, dans lequel cas on comptera un mètre cube par chaque cinq mètres de longueur mis en place, sur deux mètres de largeur et dix centimètres d'épaisseur.

8º Le sieur X*** s'engage encore à fournir, s'il est nécessaire, et dans le même délai, cinquante mètres cubes de pierre cassée à l'anneau de cinq centimètres, à raison de . . . . . du mètre cube, pour le chemin du Chalet, les autres conditions étant les mêmes que pour celui de la Goutte du Four.

Fait double à . . . .

CHAPITRE V.

EXÉCUTION DES TRAVAUX.

138. Nous avons vu, dans la culture, que les travaux d'entretien et d'amélioration doivent être faits dans une juste mesure et avec économie.

Dans l'aménagement nous avons appris à les prévoir et à en tenir note.

Par la comptabilité, nous savons classer et enregistrer les dépenses qu'ils occasionnent.

Il nous reste à donner quelques détails d'exécution.

Nous nous bornerons à des notions sommaires, ne voulant en rien influencer les prérogatives du propriétaire, qui est toujours libre d'apporter tel changement qu'il lui plaira.

Nous le rappelons d'ailleurs ici, ce traité n'a d'autre but que de donner au propriétaire un canevas, une base plus ou moins *modifiable* pour la bonne gestion de ses propriétés.

139. *Chemins.* L'exécution et la largeur des chemins dépendent de leur usage et de leur fréquentation.

Au fur et à mesure des exploitations, on rectifiera, s'il y a lieu, les chemins, et chaque année une certaine somme sera affectée à leur entretien : boucher les ornières, empierrer, écréter les parties élevées et remblayer celles qui se trouvent trop basses, etc.

On peut distinguer deux sortes de chemins, ceux qui servent de sommière et ceux qui servent de limite de coupes.

Chemins sommières. Les chemins qui serviront de sommières recevront de quatre à cinq mètres de largeur et seront bordés de rigoles de cinquante centimètres de profondeur. La terre des bords et des fossés sera rejetée de manière à former un bombement régulier de quarante à cinquante centimètres sur l'axe.

Ces chemins peuvent être seulement bombés, sans rigoles, tout en conservant la même largeur. La terre des bords doit alors être rejetée de manière à former un bombement plus fort, cinquante à soixante centimètres sur l'axe.

Chemins de coupes. Ces chemins recevront trois mètres de largeur, entre rigoles de quarante centimètres de profondeur, et la terre sera rejetée de manière à former un bombement de trente centimètres sur l'axe du chemin.

S'ils sont bombés sans rigoles, ils conserveront la même largeur, et la terre des à-côtés sera rejetée sur le milieu de manière à former un bombement plus fort, quarante centimètres.

Chemins en montagne. Les chemins en montagne et en coteau seront moins larges et moins bombés que les chemins en plaine. Des revers d'eau, de petits aqueducs et des talus seront souvent nécessaires.

Talus. Tous les talus de chemins, fossés et rampes, devront être inclinés au moins à 45°, quand ils dépasseront trente centimètres de hauteur.

Lorsque l'état des lieux le permettra et qu'on aura la pierre sur place, les talus, au lieu d'être en terre, seront en pierres sèches mises à plat les unes sur les autres.

Empierrement. Tous les chemins devront être empierrés quand on pourra le faire à peu de frais. L'empierrement sera déposé dans un encaissement de 0^m10 de profondeur.

Les chemins non empierrés seront engazonnés avec soin et fauchés chaque année, *en été,* par les gardes.

Le premier empierrement sera à l'anneau de 0^m09 ; le second à celui de 0^m07 ; et l'entretien à celui de 0^m05 ou 0^m06.

140. *Bornes.* Toutes les bornes seront en pierre dure et non gelive. Elles seront piquées à la grosse pointe du marteau et les angles relevés à trait de ciseau.

Elles seront plantées à moitié de hauteur.

On peut distinguer trois sortes de bornes : celles de périmètre, celles d'aménagement et les bornes kilométriques.

Bornes de périmètre. Les bornes de périmètre sont prismatiques rectangulaires avec sommet arrondi.

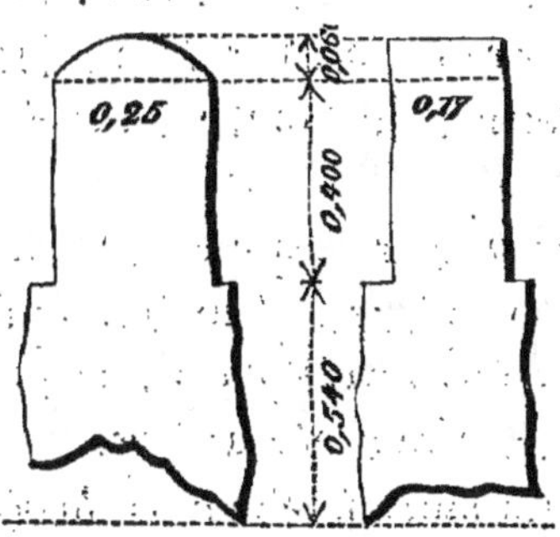

Dimensions en plaine.	Dimensions en montagne.

Longueur totale, 1 mèt. .... 0^m750

dont 0^m060 hauteur de la partie arrondie 0^m050

    0 400 — du prisme   0 350

    0 540 — de la partie brute ou patte 0 350

    1   »   0 750

avec 0^m25 de face sur 0^m17 de côté.

Bornes d'aménagement. Les bornes d'aménagement sont prismatiques quadrangulaires avec sommet à pyramide.

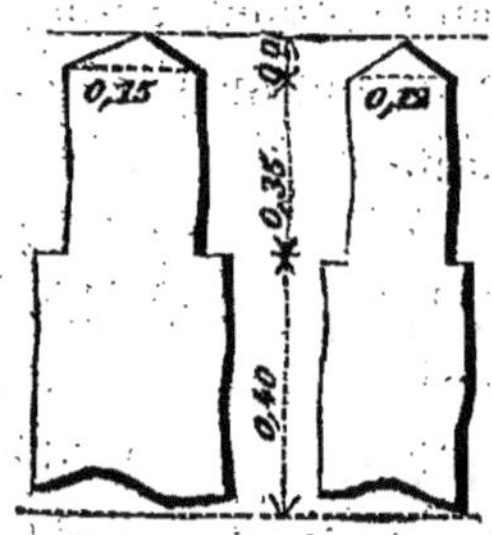

Dimensions.

Longueur totale, 0^m80

dont 0^m050 hauteur de la pyramide.

    0 350   —   du prisme.

    0 400   —   de la partie brute ou patte.

    0 800

avec 0^m20 de côté.

Ces bornes sont plantées sur l'axe des lignes ou tranchées, à deux mètres en deçà des extrémités.

Quand les chemins serviront de limites de coupes, elles seront plantées aux mêmes distances que ci-dessus des extrémités, l'une d'un côté du chemin et l'autre de l'autre côté.

6*

Bornes kilométriques. Les bornes kilométriques seront dans la même forme que les bornes d'aménagement, un peu moins hautes, et le chiffre sera taillé dans un petit encaissement.

Longueur totale, 0,70
dont 0^{m}050 hauteur de la pyramide.

    0 300   —   du prisme.

    <u>0 350</u>   —   de la partie brute ou patte.

    0 700 avec 0,12 sur 0,15 de côté.

Dimension de l'encaissement : 0^{m}08 sur 0^{m}10.

141. *Fossés.* On peut établir quatre catégories de fossés, de la manière suivante :

	Ouverture.	Profondeur perpendiculaire.	Largeur au fond.
1re catégorie	1^{m}50	0^{m}80	0^{m}20
2e —	1 25	0 65	0 18
3e —	1 »	0 50	0 16
4e —	0 75	0 40	0 14

Fossés de périmètre. Pour le périmètre des champs, pâturages et lieux découverts, on emploiera les première et seconde catégories;

Pour les limites entre forêts, les troisième et quatrième catégories;

Les terres provenant du fossé de périmètre seront jetées sur le bord, du côté de la propriété, et placées en talus très incliné et au moins à 45°.

Les fossés étant creusés sur le périmètre d'une borne à l'autre, on laissera autour de chacune d'elles un massif de terre de :

Un mètre de rayon pour les première et deuxième catégories,

Et soixante-quinze centimètres pour les troisième et quatrième catégories.

Fossés de chemins. Pour les chemins de quatre mètres, on emploiera la troisième catégorie, et pour ceux de trois mètres, la quatrième catégorie.

Fossés d'assainissement. Les fossés de troisième et quatrième catégorie servent encore à l'assainissement des parties humides. Les terres sont rejetées de chaque côté à 0^{m}30 des bords, avec saignées de distance en distance, ou bien elles sont répandues à la pelle.

Les anciens fossés d'assainissement doivent être soigneusement curés à chaque exploitation, et maintenus à leur largeur primitive.

142. *Tranchées.* Dans l'aménagement sur le terrain (voir § 84), lorsqu'on doit recourir aux tranchées droites pour limiter les coupes, il est d'usage de donner à ces tranchées un mètre de largeur sur dix centimètres de profondeur. Les souches sont extraites et la terre est rejetée de chaque côté à trente centimètres au moins des bords.

En montagne, on assure les tranchées droites par des cordons en pierres brutes placées les unes à la suite des autres. Quelquefois on se borne à couper le bois sans déraciner les souches.

Dans tous les cas, il est essentiel que les gardes entretiennent les lignes séparatives des divisions.

143. *Murs de clôture.* Les murs de clôture se font en pierres sèches. Ces pierres sont posées sur lit de

carrière, par assises horizontales. Des gros de mur sont ménagés de distance en distance, de manière à relier les deux parements et à consolider la construction. Il suffit de donner aux murs, quatre-vingts centimètres de hauteur, quatre-vingts centimètres de largeur à la base, et quarante centimètres à la partie supérieure, que l'on recouvre de grosses pierres disposées en hérisson. L'emplacement du mur est préparé par un creusage de 0m10 de profondeur, nivelé, et les souches extraites.

144. *Plantations. Semis. Pépinières.* Les *plantations forestières* réussissent dans toutes les saisons de l'année. Le succès paraît dépendre du soin apporté dans la mise en place des plants, et surtout de la fraîcheur de leurs racines, dont le chevelu est très délicat et très sujet à se dessécher au printemps et en été.

Il faut éviter de planter pendant les sécheresses et en temps de gelée.

Une *pépinière* à proximité, et s'il est possible dans l'intérieur de la forêt, est une excellente condition de succès quand il est nécessaire de planter.

Le *semis* réussit bien quand on a de bonnes graines, mais il est quelquefois plus coûteux que la plantation faite avec économie. Il est naturellement en retard de quelques années sur la plantation, ce qui peut être dans certains cas un grave inconvénient.

Pour reboiser un terrain nu, le semis est souvent préférable à la plantation, mais pour regarnir des clairières ou introduire des essences nouvelles dans la forêt, la plantation paraît mériter la préférence sur le semis.

CHAPITRE VI.

RETRAITE DES GARDES.

145. Les gardes qui désireront avoir plus tard des retraites ou assurer des pensions à leurs veuves ou à leurs enfants, en cas de décès, devront subir des retenues annuelles sur leur traitement, retenues qui seront versées, par l'intermédiaire de l'agent, à une compagnie d'assurances sur la vie.

Le propriétaire se charge, sans frais, du placement de cette retenue et de l'exécution du traité du garde avec la compagnie.

CHAPITRE VII.

DE LA CHASSE.

146. Nous reproduisons l'extrait suivant de la *Presse* du 26 août 1867, qui renferme sur les droits et les devoirs du chasseur d'excellentes indications :

« On est généralement dans l'erreur sur la nature du droit de chasser et sur les avantages résultant d'un permis de chasse. La chasse est un accessoire du droit de propriété. Les lois de 1789 et de 1844 le proclament hautement : « Nul ne peut chasser sur la propriété d'autrui sans le consentement du propriétaire. » Aucun avertissement préalable, aucune défense, ne sont donc nécessaires pour prévenir les chasseurs qu'ils commettent un délit, et qu'ils s'exposent à être poursuivis correctionnellement, en se mettant en chasse sur un terrain quelconque, sans le consentement du propriétaire.

» La première condition essentielle à remplir pour se livrer au plaisir de la chasse, ce n'est donc pas d'obtenir un permis de chasse, mais bien d'être propriétaire ou locataire d'un droit de chasse, ou tout au moins d'être invité à chasser. Les vingt-cinq francs payés pour obtenir un permis de chasse sont un impôt pour ainsi dire somptuaire, qui suppose l'existence du droit de chasse, mais qui ne le confère pas. Cette théorie résulte bien clairement de la loi de 1844, dont le texte est ainsi conçu :

« Le permis donne au chasseur le droit de chasser de
» jour, à courre, sur ses propres terres et sur les terres
» d'autrui, avec le consentement de celui à qui le droit
» de chasse appartient. »

» La cour de cassation a décidé que le droit de chasse étant un accessoire du droit de propriété, nul autre que le propriétaire n'a le droit de s'emparer du gibier qui se trouve dans sa propriété. Bien que ce principe ait été quelquefois méconnu, la cour suprême a jugé que le droit de chasser appartient au propriétaire et non au fermier.

» Elle a décidé également que le gibier appartient à celui qui l'a tué ou blessé mortellement, tant qu'il ne le perd pas de vue, encore qu'il aille mourir sur le champ d'autrui. Cependant le chasseur n'a aucun droit sur le gibier blessé par lui si cette blessure est légère et n'empêche pas le gibier de fuir et de gagner une propriété sur laquelle le tireur n'a pas permission de chasser.

» Si le gibier est tué là par un autre tireur, le premier ne peut prétendre à la propriété de l'animal.

» Un animal, mortellement blessé par un chasseur, qui le poursuit avec la certitude de l'atteindre, doit être considéré comme étant en sa possession, et un autre tireur ne peut, en achevant le même animal, s'en emparer.

» Le gibier doit être réputé en la possession du chasseur lorsque ses chiens l'ont forcé et sont sur le point de l'atteindre sans qu'il puisse leur échapper.

» La cour de Dijon a décidé que le chasseur qui a lancé une pièce de gibier sur sa propriété n'a pas le droit de la poursuivre sur un terrain dont la chasse ne lui appartient pas, et le propriétaire de ce terrain peut alors la tuer et se l'approprier.

» Un chasseur n'a pas même le droit de se poster à la lisière d'un bois ou d'une propriété qui ne lui appartient pas, pour tuer, à sa sortie, un animal lancé par ses chiens sur sa propriété; la cour impériale d'Orléans a jugé que c'était là concourir au fait de chasse exercé par les chiens.

» En effet, pour qu'il n'y ait pas de délit de chasse dans ce cas, il faut que les chiens soient complétement abandonnés à eux-mêmes. Il y aurait également délit, si les chiens étaient en défaut et que le maître ou son piqueur fussent entrés sur le terrain d'autrui, pour les aider à retrouver la piste du gibier. Un arrêt de la cour suprême du 26 juillet 1860 a confirmé, sur ce dernier point, plusieurs décisions identiques rendues par les cours d'Orléans et de Rouen. — DE CAMPCOULON. »

I.

MODÈLES.

MODÈLE DE RAPPORT DE PROCÈS-VERBAL DE DÉLIT FORESTIER.

(Sur timbre.)

NUMÉRO D'ORDRE

du Garde
du Sommier

Nota. Désigner exactement les nom, prénoms, surnoms, professions et domicile des personnes trouvées en délit.

Indiquer également l'instrument dont le délinquant était muni, et saisir cet instrument.

Spécifier l'âge, l'essence, la qualité et grosseur du bois de délit, l'âge du taillis, s'il s'agit de pâturage ou de faux chemin.

Dans le cas de réassouchement, interpeller le prévenu d'assister à l'opération, y porter les échantillons, les comparer, reconnaître et constater l'identité du délit, et mentionner le tout au rapport, ayant soin de faire connaître le nombre de rapports dressés dans le cours de l'année contre le délinquant.

Affirmer le rapport au plus tard le lendemain de sa date, par-devant le juge de paix du canton ou un de ses suppléants, ou par-devant le maire ou l'adjoint, soit de la commune de la résidence du garde, soit de celle où le délit a été commis ou constaté.

Faire enregistrer dans les quatre jours de l'affirmation.

L'adresser au propriétaire aussitôt qu'il aura été enregistré.

*L'an mil huit cent   le
du mois de   à   heures du
nous soussigné*

*Garde forestier demeurant à
arrondissement de   assermenté
conformément à la loi, avons trouvé
dans le cours de notre visite et dans le
bois appelé   situé sur le territoire de la commune de
appartenant à M.   domicilié
à   , et dans   âgé de
ans*

*Duquel délit nous avons déclaré
procès-verbal,
à les an, mois et jour que
d'autre part.*

Par-devant nous

*comparu le sieur
Garde forestier
dénommé au rapport qui précède,
le quel , après que lecture l en a été
faite par nous, l affirmé par serment
sincère et véritable; lequel serment nous
avons reçu, et signé avec nous le présent acte
A le mil huit cent
à heure du*

Enregistré à

Reçu

le

18 .

le

18 .

Le Receveur,

[illegible]
[illegible]
[illegible]
[illegible]

[illegible]
[illegible]
[illegible]
[illegible]
[illegible]
[illegible]
[illegible]
[illegible]
[illegible]

FORÊT

de

———

SÉRIE

de

———

DIVISION

N°

═══

Exercice 18

———◆———

PROCÈS-VERBAL DE MARTELAGE

ET DE RÉCOLEMENT.

———◆———

Le
les soussignés

se sont rendus dans la forêt de
commune de   série n°
division n°   d'une surface de

Ils ont marqué du marteau
les arbres réservés comme suit :
   Baliveaux de l'âge : *à la patte* ......
   Modernes : *à la patte, sur deux mi-*
roirs à côté l'un de l'autre............
   Anciens et vieilles écorces : *sur une*
racine............

Nota. Indiquer à la suite, s'il y a lieu, les autres martelages
exécutés dans la coupe.

T. S. V. P.

<table>
<tr><td rowspan="2">NATURE DES RÉSERVES.</td><td colspan="14" align="center">CIRCONFÉRENCE À 1 MÈTRE 33 DE HAUTEUR.</td><td colspan="2" align="center">TOTAL</td></tr>
<tr><td>0</td><td>60</td><td>80</td><td>100</td><td>120</td><td>140</td><td>160</td><td>180</td><td>200</td><td>220</td><td>240</td><td>260</td><td>280</td><td>300</td><td>partiel.</td><td>général.</td></tr>
<tr><td colspan="17" align="center">ARBRES RÉSERVÉS.</td></tr>
<tr><td>BALIVEAUX . { Chênes / Hêtres / Charmes / Bouleaux / Fruitiers .</td><td></td><td></td><td></td><td></td><td></td><td></td><td></td><td></td><td></td><td></td><td></td><td></td><td></td><td></td><td></td><td></td></tr>
<tr><td>MODERNES. . { Chênes / Hêtres .</td><td></td><td></td><td></td><td></td><td></td><td></td><td></td><td></td><td></td><td></td><td></td><td></td><td></td><td></td><td></td><td></td></tr>
<tr><td>ANCIENS. . . { Chênes / Hêtres .</td><td></td><td></td><td></td><td></td><td></td><td></td><td></td><td></td><td></td><td></td><td></td><td></td><td></td><td></td><td></td><td></td></tr>
<tr><td colspan="17" align="center">ARBRES ABANDONNÉS À L'EXPLOITATION.</td></tr>
<tr><td>Chênes. / Hêtres . / Charmes . / Bouleaux .</td><td></td><td></td><td></td><td></td><td></td><td></td><td></td><td></td><td></td><td></td><td></td><td></td><td></td><td></td><td></td><td></td></tr>
<tr><td colspan="17" align="center">RÉCOLEMENT.</td></tr>
<tr><td>BALIVEAUX . { Chênes / Hêtres . / Charmes . / Bouleaux .</td><td></td><td></td><td></td><td></td><td></td><td></td><td></td><td></td><td></td><td></td><td></td><td></td><td></td><td></td><td></td><td></td></tr>
<tr><td>MODERNES. . { Chênes / Hêtres .</td><td></td><td></td><td></td><td></td><td></td><td></td><td></td><td></td><td></td><td></td><td></td><td></td><td></td><td></td><td></td><td></td></tr>
<tr><td>ANCIENS. . . { Chênes / Hêtres .</td><td></td><td></td><td></td><td></td><td></td><td></td><td></td><td></td><td></td><td></td><td></td><td></td><td></td><td></td><td></td><td></td></tr>
</table>

T. S. V. P.

MODÈLES.

OBSERVATIONS.

Clos à   le   18

II.

TABLES DE CUBAGE.

Nota. On cherche d'abord la classe du tarif correspondante à celle de la coupe dont il s'agit de faire l'estimation.

Les chiffres de la colonne des cubes en regard des circonférences à 1^m33 de hauteur, indiquent le volume d'un arbre de chaque grosseur.

TARIFS POUR L'ESTIMATION DES CHÊNES SUR PIED, EN GRUME.

Circonférence à 1ᵐ33 de hauteur	Circonférence moyenne.	1ʳᵉ classe.		2ᵉ classe.		3ᵉ classe.	
		Hauteur.	Cube.	Hauteur.	Cube.	Hauteur.	Cube.
1	2	3	4	5	6	7	8
0ᵐ20	0ᵐ18	5ᵐ	0ᵐ012	4ᵐ	0ᵐ010	4ᵐ	0ᵐ010
0 40	0 36	5	0 052	4	0 042	4	0 042
0 60	0 54	5	0 116	4	0 094	4	0 094
0 80	0 72	8	0 332	6	0 248	5	0 208
1 »	0 90	10	0 648	8	0 518	6	0 388
1 20	1 08	10	0 934	8	0 746	6	0 560
1 40	1 26	10	1 272	8	1 018	6	0 764
1 60	1 44	10	1 658	8	1 328	6	0 996
1 80	1 62	10	2 100	8	1 680	6	1 260
2 »	1 80	10	2 592	8	2 074	6	1 556
2 20	1 98	10	3 116	8	2 492	6	1 870
2 40	2 16	10	3 732	8	2 986	6	2 240
2 60	2 34	10	4 380	8	3 504	6	2 628
2 80	2 52	10	5 080	8	4 064	6	3 048
3 »	2 70	10	5 832	8	4 666	6	3 500

Les houpiers ou branchages donnent par mètre cube, savoir :

Stères empilés, de un à un et demi.

Fagots, de trois à six (usage du tarif, pages 31 et 32).

Nota. On cherche d'abord la classe du tarif correspondante à celle de la coupe dont il s'agit de faire l'estimation.

Les chiffres de la colonne des cubes en regard des circonférences à 1^{m}33 de hauteur, indiquent le volume d'un arbre de chaque grosseur.

TARIFS POUR L'ESTIMATION DES SAPINS SUR PIED EN GRUME.

Circonférence à 0m33 de hauteur	Circonférence moyenne.	1re classe.		2e classe.		3e classe.	
		Hauteur	Cube.	Hauteur.	Cube.	Hauteur.	Cube.
1	2	3	4	5	6	7	8
0m60	0m516	12m	0m257	10m	0m213	8m	0m170
0 80	0 672	12	0 443	10	0 361	8	0 289
1 »	0 820	14	0 753	12	0 646	10	0 538
1 20	0 960	16	1 180	14	1 032	12	0 885
1 40	1 092	20	1 908	16	1 526	14	1 336
1 60	1 232	22	2 671	20	2 428	16	1 943
1 80	1 368	24	3 593	20	2 944	16	2 396
2 »	1 500	24	4 320	20	3 600	16	2 880
2 20	1 628	24	5 088	20	4 240	16	3 392
2 40	1 752	24	5 894	20	4 912	16	3 930
2 60	1 872	24	6 728	20	5 606	16	4 485
2 80	2 016	24	7 805	20	6 503	16	5 202
3 »	2 130	24	8 711	20	7 259	16	5 807
3 20	2 272	24	9 911	20	8 259	16	6 607
3 40	2 380	24	10 876	20	9 063	16	7 250

Les houpiers ou branchages donnent par mètre cube, savoir :

Stères empilés, de un cinquième à un demi.

Fagots, de un demi à un (usage du tarif, pages 31 et 32).

Nota. On cherche d'abord dans la colonne des équarrissages les dimensions mesurées au milieu de la pièce abattue qu'il s'agit de cuber.

Le chiffre en regard de ces dimensions donne le cube pour 1^m de longueur.

On multiplie ce chiffre par la longueur de l'arbre, et le produit indique le volume de l'arbre.

Lorsqu'on a plusieurs arbres de même équarrissage au milieu, on peut additionner toutes les longueurs pour n'avoir à faire qu'une multiplication.

TABLE DE CUBAGE OU COMPTES FAITS POUR DES TRONCS D'ARBRES ABATTUS, D'UN MÈTRE DE LONGUEUR ET DONT LES COTÉS DE L'ÉQUARRISSAGE SONT DÉTERMINÉS.

Equarrissage en centimètres.		Cube.	Equarrissage en centimètres.		Cube.	Equarrissage en centimètres.		Cube.
8 à 8		0^m0064	23 à 24		0^m0552	39 à 39		0^m1521
8	9	0 0072	24	24	0 0576	39	40	0 1560
9	9	0 0081	24	25	0 0600	40	40	0 1600
9	10	0 0090	25	25	0 0625	40	41	0 1640
10	10	0 0100	25	26	0 0650	41	41	0 1681
10	11	0 0110	26	26	0 0676	41	42	0 1722
11	11	0 0121	26	27	0 0702	42	42	0 1764
11	12	0 0132	27	27	0 0729	42	43	0 1806
12	12	0 0144	27	28	0 0756	43	43	0 1849
12	13	0 0156	28	28	0 0784	43	44	0 1892
13	13	0 0169	28	29	0 0812	44	44	0 1936
13	14	0 0182	29	29	0 0841	44	45	0 1980
14	14	0 0196	29	30	0 0870	45	45	0 2025
14	15	0 0210	30	30	0 0900	45	46	0 2070
15	15	0 0225	30	31	0 0930	46	46	0 2116
15	16	0 0240	31	31	0 0961	46	47	0 2162
16	16	0 0256	31	32	0 0992	47	47	0 2209
16	17	0 0272	32	32	0 1024	47	48	0 2256
17	17	0 0289	32	33	0 1056	48	48	0 2304
17	18	0 0306	33	33	0 1089	48	49	0 2352
18	18	0 0324	33	34	0 1122	49	49	0 2401
18	19	0 0342	34	34	0 1156	49	50	0 2450
19	19	0 0361	34	35	0 1190	50	50	0 2500
19	20	0 0380	35	35	0 1225	50	51	0 2550
20	20	0 0400	35	36	0 1260	51	51	0 2601
20	21	0 0420	36	36	0 1296	51	52	0 2652
21	21	0 0441	36	37	0 1332	52	52	0 2704
21	22	0 0462	37	37	0 1369	52	53	0 2756
22	22	0 0484	37	38	0 1406	53	53	0 2809
22	23	0 0506	38	38	0 1444	53	54	0 2862
23	23	0 0529	38	39	0 1482	54	54	0 2916

Equarrissage en centimètres.	Cube.	Equarrissage en centimètres.	Cube.	Equarrissage en centimètres.	Cube.
54 à 55	0ᵐ2970	61 à 62	0ᵐ3782	68 à 69	0ᵐ4692
55 55	0 3025	62 62	0 3844	69 69	0 4761
55 56	0 3080	62 63	0 3906	69 70	0 4830
56 56	0 3136	63 63	0 3969	70 70	0 4900
56 57	0 3192	63 64	0 4032	70 71	0 4970
57 57	0 3249	64 64	0 4096	71 71	0 5041
57 58	0 3308	64 65	0 4160	71 72	0 5112
58 58	0 3364	65 65	0 4225	72 72	0 5184
58 59	0 3422	65 66	0 4290	72 73	0 5256
59 59	0 3481	66 66	0 4356	73 73	0 5329
59 60	0 3540	66 67	0 4422	73 74	0 5402
60 60	0 3600	67 67	0 4489	74 74	0 5476
60 61	0 3660	67 68	0 4556	74 75	0 5550
61 61	0 3721	68 68	0 4624	75 75	0 5625

NOTE RELATIVE A LA TABLE SUIVANTE.

Nota. Pour se servir de la table ci-contre, on cherche d'abord dans la colonne des circonférences moyennes celle de la pièce de bois abattue qu'il s'agit de cuber.

On multiplie par la longueur de la pièce le chiffre de la colonne des cubes en regard de la circonférence moyenne, et le produit indique le cube cherché.

Lorsqu'on a plusieurs arbres de même circonférence moyenne, on peut additionner les longueurs pour n'avoir à faire qu'une multiplication.

TABLE DE CUBAGE OU COMPTES FAITS POUR DES TRONCS D'ARBRES ABATTUS, D'UN MÈTRE DE LONGUEUR ET DONT LA CIRCONFÉRENCE MOYENNE EST DÉTERMINÉE.

Circonférence moyenne.	VOLUME			
	au 5ᵉ déduit.	au 6ᵉ déduit.	au 1/4 sans déduction.	en grume.
0ᵐ 20	0ᵐ002	0ᵐ002	0ᵐ003	0ᵐ003
0 30	0 004	0 004	0 006	0 007
0 40	0 006	0 007	0 010	0 012
0 50	0 010	0 011	0 016	0 020
0 60	0 014	0 016	0 022	0 028
0 70	0 020	0 021	0 031	0 040
0 80	0 026	0 028	0 040	0 052
0 90	0 032	0 035	0 051	0 064
1 »	0 040	0 043	0 062	0 080
1 10	0 048	0 053	0 076	0 096
1 20	0 058	0 063	0 090	0 116
1 30	0 068	0 073	0 106	0 136
1 40	0 078	0 085	0 122	0 156
1 50	0 090	0 098	0 141	0 180
1 60	0 102	0 111	0 160	0 204
1 70	0 116	0 125	0 181	0 230
1 80	0 130	0 140	0 202	0 258
1 90	0 144	0 157	0 226	0 287
2 »	0 160	0 174	0 250	0 318
2 10	0 176	0 191	0 276	0 350
2 20	0 194	0 210	0 302	0 385
2 30	0 212	0 230	0 331	0 421
2 40	0 230	0 250	0 360	0 458
2 50	0 250	0 271	0 391	0 496
2 60	0 270	0 293	0 422	0 538
2 70	0 292	0 316	0 456	0 580
2 80	0 314	0 340	0 490	0 624
2 90	0 336	0 365	0 526	0 669
3 »	0 360	0 390	0 562	0 716

Nota. On cherche d'abord la colonne du tarif en tête de laquelle est indiquée la circonférence, mesurée au milieu de la pièce qu'il s'agit de cuber.

Le chiffre en regard de cette longueur indique le cube de la pièce.

Quand la longueur de la pièce à cuber dépasse celles du tarif ou lorsqu'elle est fractionnaire, on opère comme dans l'exemple suivant.

On veut avoir le cube d'une pièce de bois ayant 31^m60 de longueur et mesurant au milieu 0^m80 de circonférence sur l'écorce :

	m. c. grume
Cube pour 30^m de longueur	1.536
Id. id. 1^m id.	0.051
Id. id. 0^m60 id. (on prend le cube en regard de la longueur de 6^m, et on avance la virgule d'un rang vers la gauche).	0.031
La pièce cube. . . .	1.618

Remarque. Le volume en grume, donné par le tarif ci-contre, étant représenté par l'unité, le volume au 1/4 sans déduction est :   0.78125

   —   1/5 déduit   —   0.50000

   —   1/6 —   —   0.54250

   —   1/12 —   —   0.65625

Le cube grume étant connu, pour avoir le cube à l'un des modes indiqués, il suffit de multiplier le cube grume par le facteur correspondant à ce mode. Par exemple, une coupe, volume grume, de 900 m. c., donnerait au 1/4 sans déduction 900×0.78125 703.125

   —   1/5 déduit 900×0.50000 450.000

   —   1/6 — 900×0.54250 488.250

   —   1/12 — 900×0.65625 590.625

TARIF POUR LE CUBAGE EN GRUME ET RONDS
DES ARBRES ABATTUS.

$$(V = 0,08 \ c^2 h)$$

§§ 74 à 76.

LONGUEUR	CIRCONFÉR. 0m30	CIRCONFÉR. 0m32	CIRCONFÉR. 0m34	CIRCONFÉR. 0m36
Mètres.				
1	0,007	0,008	0,009	0,010
2	0,014	0,016	0,018	0,021
3	0,022	0,025	0,028	0,031
4	0,029	0,033	0,037	0,041
5	0,036	0,041	0,046	0,052
6	0,043	0,049	0,055	0,062
7	0,050	0,057	0.065	0,073
8	0,057	0,066	0.074	0,083
9	0,065	0,074	0.083	0,093
10	0,072	0,082	0,092	0,104
11	0,079	0,090	0,102	0,114
12	0,086	0,098	0,111	0,124
13	0,094	0,106	0,120	0,135
14	0,101	0,115	0,129	0,145
15	0,108	0,123	0,139	0,155
16	0,115	0,131	0,148	0,166
17	0,122	0,139	0,157	0,176
18	0,130	0,147	0,166	0,187
19	0,137	0,156	0,176	0,197
20	0,144	0,164	0,185	0,207
21	0,151	0,172	0,194	0,218
22	0,158	0,180	0,203	0,228
23	0,166	0,188	0,213	0,238
24	0,173	0,196	0,222	0,250
25	0,180	0,205	0,231	0,260
26	0,187	0,213	0,240	0,270
27	0,194	0,221	0,249	0,280
28	0,202	0,229	0,259	0,290
29	0,209	0,237	0,268	0,301
30	0,216	0,246	0,277	0,311

LONGUEUR	CIRCONFÉR. 0m38	CIRCONFÉR. 0m40	CIRCONFÉR. 0m42	CIRCONFÉR. 0m44
Mètres.				
1	0,012	0,013	0,014	0,015
2	0,023	0,026	0,028	0,031
3	0,035	0,038	0,042	0,046
4	0,046	0,051	0,056	0,062
5	0,058	0,064	0,071	0,077
6	0,069	0,077	0,085	0,093
7	0,081	0,090	0,099	0,108
8	0,092	0,102	0,113	0,124
9	0,104	0,115	0,127	0,139
10	0,116	0,128	0,141	0,155
11	0,127	0,141	0,155	0,170
12	0,139	0,154	0,169	0,186
13	0,150	0,166	0,183	0,201
14	0,162	0,179	0,197	0,216
15	0,173	0,192	0,242	0,232
16	0,185	0,205	0,226	0,247
17	0,196	0,218	0,240	0,263
18	0,208	0,230	0,254	0,278
19	0,219	0,243	0,268	0,293
20	0,231	0,256	0,282	0,310
21	0,243	0,269	0,296	0,325
22	0,254	0,282	0,310	0,341
23	0,266	0,294	0,324	0,356
24	0,277	0,307	0,339	0,372
25	0,289	0,320	0,353	0,387
26	0,300	0,333	0,367	0,403
27	0,312	0,346	0,381	0,418
28	0,323	0,358	0,395	0,434
29	0,335	0,371	0,409	0,449
30	0,347	0,384	0,423	0,465

LONGUEUR	CIRCONFÉR. 0m46	CIRCONFÉR. 0m48	CIRCONFÉR. 0m50	CIRCONFÉR. 0m52
Mètres.				
1	0,017	0,018	0,020	0,022
2	0,034	0,037	0,040	0,043
3	0,051	0,055	0,060	0,065
4	0,068	0,074	0,080	0,086
5	0,085	0,092	0,100	0,108
6	0,102	0,110	0,120	0,130
7	0,118	0,129	0,140	0,151
8	0,135	0,147	0,160	0,173
9	0,152	0,166	0,180	0,195
10	0,169	0,184	0,200	0,216
11	0,186	0,202	0,220	0,238
12	0,203	0,221	0,240	0,260
13	0,220	0,240	0,260	0,281
14	0,237	0,258	0,280	0,303
15	0,254	0,276	0,300	0,324
16	0,271	0,295	0,320	0,346
17	0,287	0,313	0,340	0,368
18	0,304	0,342	0,360	0,389
19	0,321	0,350	0,380	0,411
20	0,338	0,368	0,400	0,433
21	0,355	0,387	0,420	0,454
22	0,372	0,405	0,440	0,476
23	0,389	0,424	0,460	0,498
24	0,406	0,442	0,480	0,519
25	0,423	0,461	0,500	0,541
26	0,440	0,479	0,520	0,563
27	0,457	0,498	0,540	0,584
28	0,473	0,516	0,560	0,606
29	0,490	0,534	0,580	0,628
30	0,508	0,552	0,600	0,649

LONGUEUR	CIRCONFÉR. 0^m54	CIRCONFÉR. 0^m56	CIRCONFÉR. 0^m58	CIRCONFÉR. 0^m60
Mètres.				
1	0,023	0,025	0,027	0,029
2	0,047	0,050	0,054	0,058
3	0,070	0,075	0,081	0,086
4	0,093	0,100	0,108	0,115
5	0,117	0,125	0,135	0,144
6	0,140	0,151	0,162	0,173
7	0,163	0,176	0,189	0,202
8	0,186	0,201	0,215	0,230
9	0,210	0,226	0,242	0,259
10	0,233	0,251	0,269	0,288
11	0,256	0,276	0,296	0,317
12	0,280	0,301	0,323	0,346
13	0,303	0,326	0,350	0,374
14	0,326	0,351	0,377	0,403
15	0,350	0,376	0,404	0,432
16	0,373	0,401	0,431	0,461
17	0,396	0,426	0,457	0,490
18	0,420	0,451	0,484	0,518
19	0,443	0,476	0,511	0,547
20	0,466	0,502	0,538	0,576
21	0,490	0,527	0,565	0,605
22	0,513	0,552	0,592	0,634
23	0,536	0,577	0,619	0,662
24	0,559	0,602	0,646	0,691
25	0,583	0,627	0,673	0,720
26	0,606	0,652	0,700	0,749
27	0,629	0,677	0,727	0,778
28	0,652	0,702	0,753	0,806
29	0,676	0,727	0,780	0,835
30	0,700	0,753	0,807	0,864

LONGUEUR	CIRCONFÉR. 0m62	CIRCONFÉR. 0m64	CIRCONFÉR. 0m66	CIRCONFÉR. 0m68
Mètres.				
1	0,031	0,033	0,035	0,037
2	0,062	0,066	0,070	0,074
3	0,093	0,098	0,105	0,111
4	0,124	0,131	0,139	0,148
5	0,154	0,164	0,174	0,185
6	0,184	0,197	0,209	0,222
7	0,215	0,228	0,244	0,259
8	0,246	0,262	0,279	0,296
9	0,277	0,295	0,314	0,332
10	0,308	0,328	0,348	0,370
11	0,338	0,360	0,383	0,407
12	0,369	0,392	0,418	0,444
13	0,400	0,426	0,453	0,481
14	0,431	0,459	0,488	0,518
15	0,461	0,492	0,523	0,555
16	0,492	0,524	0,558	0,592
17	0,523	0,557	0,592	0,629
18	0,554	0,590	0,627	0,666
19	0,584	0,623	0,662	0,703
20	0,615	0,655	0,697	0,740
21	0,646	0,688	0,732	0,777
22	0,677	0,721	0,767	0,814
23	0,707	0,754	0,802	0,851
24	0,738	0,786	0,837	0,888
25	0,769	0,819	0,872	0,925
26	0,800	0,852	0,907	0,962
27	0,830	0,885	0,942	0,999
28	0,861	0,918	0,976	1,036
29	0,892	0,950	1,011	1,073
30	0,923	0,983	1,045	1,110

TARIF DE CUBAGE.

LONGUEUR	CIRCONFÉR. 0m70	CIRCONFÉR. 0m72	CIRCONFÉR. 0m74	CIRCONFÉR. 0m76
Mètres.				
1	0,039	0,041	0,044	0,046
2	0,078	0,083	0,088	0,092
3	0,118	0,124	0,131	0,139
4	0,157	0,166	0,175	0,185
5	0,196	0,207	0,219	0,231
6	0,235	0,248	0,263	0,277
7	0,274	0,290	0,307	0,323
8	0,314	0,331	0,350	0,370
9	0,353	0,373	0,394	0,416
10	0,392	0,415	0,438	0,462
11	0,431	0,456	0,482	0,508
12	0,470	0,498	0,526	0,554
13	0,510	0,539	0,569	0,601
14	0,549	0,581	0,613	0,647
15	0,588	0,622	0,657	0,693
16	0,627	0,664	0,701	0,739
17	0,666	0,705	0,744	0,785
18	0,705	0,746	0,788	0,832
19	0,744	0,788	0,832	0,878
20	0,784	0,829	0,876	0,924
21	0,823	0,871	0,920	0,970
22	0,862	0,912	0,964	1,016
23	0,901	0,954	1,007	1,062
24	0,940	0,995	1,051	1,109
25	0,980	1,037	1,095	1,155
26	1,019	1,078	1,139	1,201
27	1,058	1,120	1,183	1,247
28	1,097	1,161	1,227	1,294
29	1,137	1,203	1,271	1,340
30	1,176	1,244	1,314	1,386

LONGUEUR	CIRCONFÉR. 0ᵐ78	CIRCONFÉR. 0ᵐ80	CIRCONFÉR. 0ᵐ82	CIRCONFÉR. 0ᵐ84
Mètres.				
1	0,049	0,051	0,054	0,056
2	0,097	0,102	0,108	0,103
3	0,146	0,154	0,161	0,169
4	0,195	0,205	0,215	0,226
5	0,243	0,256	0,269	0,282
6	0,292	0,307	0,323	0,339
7	0,341	0,358	0,377	0,395
8	0,389	0,410	0,430	0,452
9	0,438	0,461	0,484	0,508
10	0,487	0,512	0,538	0,564
11	0,536	0,563	0,592	0,620
12	0,584	0,614	0,646	0,677
13	0,633	0,666	0,700	0,734
14	0,682	0,717	0,753	0,790
15	0,730	0,768	0,807	0,847
16	0,779	0,819	0,861	0,903
17	0,828	0,870	0,915	0,960
18	0,876	0,922	0,969	1,016
19	0,925	0,973	1,023	1,073
20	0,973	1,024	1,076	1,129
21	1,022	1,075	1,130	1,185
22	1,071	1,126	1,184	1,241
23	1,119	1,178	1,238	1,298
24	1,168	1,229	1,291	1,354
25	1,217	1,280	1,345	1,411
26	1,265	1,331	1,399	1,468
27	1,314	1,382	1,453	1,525
28	1,363	1,434	1,507	1,581
29	1,412	1,485	1,561	1,637
30	1,460	1,536	1,614	1,693

LONGUEUR	CIRCONFÉR. 0m86	CIRCONFÉR. 0m88	CIRCONFÉR. 0m90	CIRCONFÉR. 0m92
Mètres.				
1	0,059	0,062	0,065	0,068
2	0,118	0,124	0,130	0,135
3	0,178	0,186	0,194	0,203
4	0,237	0,248	0,259	0,271
5	0,296	0,310	0,324	0,339
6	0,355	0,372	0,389	0,406
7	0,414	0,434	0,454	0,474
8	0,473	0,496	0,518	0,542
9	0,533	0,558	0,583	0,609
10	0,592	0,620	0,648	0,677
11	0,651	0,681	0,713	0,745
12	0,710	0,743	0,778	0,813
13	0,769	0,805	0,842	0,880
14	0,828	0,867	0,907	0,948
15	0,887	0,929	0,972	1,016
16	0,947	0,991	1,037	1,084
17	1,006	1,053	1,102	1,151
18	1,065	1,115	1,166	1,219
19	1,124	1,177	1,231	1,287
20	1,183	1,239	1,296	1,354
21	1,242	1,301	1,361	1,422
22	1,302	1,363	1,426	1,490
23	1,361	1,425	1,491	1,557
24	1,420	1,487	1,555	1,625
25	1,479	1,549	1,620	1,693
26	1,538	1,611	1,685	1,761
27	1,597	1,673	1,750	1,828
28	1,657	1,735	1,815	1,896
29	1,716	1,797	1,880	1,964
30	1,775	1,859	1,944	2,031

LONGUEUR	CIRCONFÉR. 0m94	CIRCONFÉR. 0m96	CIRCONFÉR. 0m98	CIRCONFÉR. 1m00
Mètres.				
1	0,071	0,074	0,077	0,080
2	0,141	0,147	0,154	0,160
3	0,212	0,221	0,231	0,240
4	0,283	0,295	0,307	0,320
5	0,353	0,369	0,384	0,400
6	0,424	0,442	0,461	0,480
7	0,495	0,516	0,538	0,560
8	0,566	0,590	0,615	0,640
9	0,636	0,665	0,692	0,720
10	0,707	0,737	0,768	0,800
11	0,778	0,811	0,845	0,880
12	0,848	0,885	0,922	0,960
13	0,919	0,958	0,999	1,040
14	0,990	1,032	1,076	1,120
15	1,060	1,106	1,152	1,200
16	1,131	1,180	1,229	1,280
17	1,202	1,253	1,306	1,360
18	1,272	1,327	1,383	1,440
19	1,343	1,401	1,460	1,520
20	1,414	1,476	1,537	1,600
21	1,484	1,548	1,603	1,680
22	1,555	1,622	1,680	1,760
23	1,626	1,696	1,767	1,840
24	1,697	1,769	1,844	1,920
25	1,767	1,843	1,921	2,000
26	1,838	1,917	1,998	2,080
27	1,909	1,991	2,074	2,160
28	1,980	2,064	2,151	2,240
29	2,050	2,138	2,228	2,320
30	2,121	2,212	2,305	2,400

LONGUEUR	CIRCONFÉR. 1^m02	CIRCONFÉR. 1^m04	CIRCONFÉR. 1^m06	CIRCONFÉR. 1^m08
Mètres.				
1	0,083	0,087	0,090	0,093
2	0,177	0,173	0,180	0,187
3	0,250	0,260	0,270	0,280
4	0,333	0,346	0,360	0,373
5	0,416	0,433	0,449	0,467
6	0,499	0,519	0,539	0,560
7	0,583	0,606	0,629	0,653
8	0,666	0,692	0,719	0,747
9	0,749	0,779	0,809	0,840
10	0,832	0,865	0,899	0,933
11	0,915	0,952	0,989	1,026
12	0,999	1,038	1,079	1,120
13	1,082	1,125	1,169	1,213
14	1,165	1,211	1,258	1,306
15	1,248	1,298	1,348	1,400
16	1,332	1,384	1,438	1,493
17	1,415	1,471	1,528	1,586
18	1,498	1,557	1,618	1,680
19	1,581	1,644	1,708	1,773
20	1,665	1,731	1,798	1,866
21	1,748	1,817	1,888	1,960
22	1,831	1,904	1,978	2,053
23	1,914	1,990	2,067	2,146
24	1,997	2,077	2,157	2,230
25	2,081	2,163	2,247	2,333
26	2,164	2,250	2,337	2,426
27	2,247	2,336	2,427	2,519
28	2,330	2,423	2,517	2,613
29	2,414	2,509	2,607	2,706
30	2,497	2,596	2,697	2,799

LONGUEUR	CIRCONFÉR. 1^m10	CIRCONFÉR. 1^m12	CIRCONFÉR. 1^m14	CIRCONFÉR. 1^m16
Mètres.				
1	0,097	0,100	0,104	0,108
2	0,194	0,201	0,208	0,215
3	0,290	0,301	0,312	0,323
4	0,387	0,401	0,416	0,431
5	0,484	0,502	0,520	0,538
6	0,581	0,602	0,624	0,646
7	0,678	0,703	0,728	0,754
8	0,774	0,803	0,832	0,861
9	0,871	0,903	0,936	0,968
10	0,968	1,004	1,040	1,076
11	1,065	1,104	1,144	1,184
12	1,161	1,204	1,248	1,292
13	1,258	1,305	1,352	1,399
14	1,355	1,405	1,456	1,507
15	1,442	1,505	1,560	1,615
16	1,549	1,606	1,663	1,723
17	1,646	1,706	1,767	1,830
18	1,742	1,806	1,871	1,938
19	1,839	1,907	1,975	2,046
20	1,936	2,007	2,079	2,153
21	2,033	2,107	2,183	2,261
22	2,130	2,208	2,287	2,369
23	2,227	2,308	2,391	2,476
24	2,324	2,408	2,495	2,584
25	2,420	2,509	2,599	2,691
26	2,517	2,609	2,703	2,799
27	2,614	2,709	2,807	2,907
28	2,710	2,810	2,911	3,014
29	2,807	2,910	3,015	3,122
30	2,904	3,011	3,119	3,229

LONGUEUR	CIRCONFÉR. 1m18	CIRCONFÉR. 1m20	CIRCONFÉR. 1m22	CIRCONFÉR. 1m24
Mètres.				
1	0,111	0,115	0,119	0,123
2	0,224	0,230	0,238	0,246
3	0,334	0,346	0,357	0,369
4	0,446	0,461	0,476	0,492
5	0,557	0,576	0,595	0,615
6	0,668	0,691	0,714	0,738
7	0,770	0,806	0,834	0,861
8	0,891	0,922	0,953	0,984
9	0,903	1,037	1,072	1,107
10	1,114	1,152	1,191	1,230
11	1,225	1,267	1,310	1,353
12	1,337	1,382	1,429	1,476
13	1,448	1,498	1,548	1,599
14	1,560	1,613	1,667	1,722
15	1,671	1,728	1,786	1,845
16	1,783	1,843	1,905	1,968
17	1,894	1,958	2,024	2,091
18	2,005	2,074	2,143	2,214
19	2,116	2,189	2,262	2,337
20	2,228	2,304	2,381	2,460
21	2,339	2,419	2,500	2,583
22	2,450	2,534	2,620	2,706
23	2,562	2,650	2,739	2,829
24	2,673	2,765	2,858	2,952
25	2,785	2,880	2,977	3,075
26	2,896	2,995	3,096	3,198
27	3,007	3,110	3,215	3,321
28	3,119	3,226	3,334	3,444
29	3,230	3,341	3,453	3,567
30	3,342	3,456	3,572	3,690

LONGUEUR	CIRCONFÉR. 1ᵐ26	CIRCONFÉR. 1ᵐ28	CIRCONFÉR. 1ᵐ30	CIRCONFÉR. 1ᵐ32
Mètres.				
1	0,127	0,131	0,135	0,139
2	0,254	0,262	0,270	0,279
3	0,381	0,393	0,406	0,418
4	0,508	0,524	0,541	0,558
5	0,635	0,655	0,676	0,697
6	0,762	0,786	0,811	0,836
7	0,889	0,918	0,946	0,976
8	1,016	1,049	1,082	1,115
9	1,143	1,180	1,217	1,254
10	1,270	1,311	1,352	1,394
11	1,397	1,442	1,487	1,533
12	1,524	1,573	1,622	1,672
13	1,651	1,704	1,758	1,812
14	1,778	1,835	1,893	1,951
15	1,905	1,966	2,028	2,090
16	2,032	2,097	2,163	2,230
17	2,159	2,228	2,298	2,369
18	2,286	2,359	2,434	2,508
19	2,413	2,490	2,569	2,648
20	2,540	2,621	2,704	2,788
21	2,667	2,752	2,839	2,927
22	2,794	2,884	2,974	3,067
23	2,921	3,015	3,110	3,206
24	3,048	3,146	3,245	3,345
25	3,175	3,277	3,380	3,485
26	3,302	3,408	3,515	3,624
27	3,429	3,539	3,650	3,764
28	3,556	3,670	3,786	3,903
29	3,683	3,801	3,921	4,042
30	3,810	3,932	4,056	4,182

LONGUEUR	CIRCONFÉR. 1m34	CIRCONFÉR. 1m36	CIRCONFÉR. 1m38	CIRCONFÉR. 1m40
Mètres.				
1	0,144	0,148	0,152	0,157
2	0,287	0,296	0,305	0,314
3	0,424	0,444	0,457	0,470
4	0,575	0,592	0,609	0,627
5	0,718	0,740	0,762	0,784
6	0,862	0,888	0,914	0,941
7	1,006	1,036	1,067	1,098
8	1,149	1,184	1,219	1,254
9	1,293	1,332	1,371	1,411
10	1,436	1,480	1,524	1,568
11	1,580	1,628	1,676	1,725
12	1,724	1,776	1,828	1,882
13	1,867	1,924	1,981	2,039
14	2,011	2,072	2,133	2,195
15	2,155	2,220	2,285	2,352
16	2,298	2,367	2,437	2,509
17	2,442	2,515	2,590	2,666
18	2,586	2,663	2,742	2,823
19	2,729	2,811	2,894	2,980
20	2,873	2,959	3,047	3,136
21	3,017	3,107	3,199	3,293
22	3,160	3,255	3,351	3,450
23	3,304	3,403	3,504	3,607
24	3,448	3,551	3,656	3,764
25	3,591	3,699	3,809	3,920
26	3,735	3,847	3,961	4,077
27	3,878	3,995	4,114	4,234
28	4,022	4,143	4,266	4,391
29	4,166	4,291	4,418	4,548
30	4,309	4,439	4,571	4,704

LONGUEUR	CIRCONFÉR. 1^{m}42	CIRCONFÉR. 1^{m}44	CIRCONFÉR. 1^{m}46	CIRCONFÉR. 1^{m}48
Mètres.				
1	0,161	0,166	0,171	0,175
2	0,323	0,332	0,341	0,351
3	0,484	0,498	0,512	0,526
4	0,645	0,664	0,682	0,701
5	0,807	0,829	0,853	0,876
6	0,968	0,995	1,023	1,051
7	1,129	1,161	1,194	1,227
8	1,291	1,327	1,364	1,392
9	1,452	1,493	1,535	1,567
10	1,613	1,659	1,705	1,752
11	1,775	1,825	1,876	1,927
12	1,936	1,991	2,046	2,103
13	2,097	2,157	2,217	2,278
14	2,259	2,322	2,387	2,453
15	2,420	2,488	2,558	2,628
16	2,581	2,654	2,728	2,804
17	2,743	2,820	2,899	2,979
18	2,904	2,986	3,070	3,154
19	3,065	3,152	3,240	3,329
20	3,226	3,318	3,411	3,504
21	3,388	3,484	3,581	3,680
22	3,549	3,650	3,752	3,855
23	3,710	3,815	3,922	4,030
24	3,872	3,981	4,093	4,205
25	4,033	4,147	4,263	4,381
26	4,194	4,313	4,434	4,556
27	4,355	4,479	4,604	4,731
28	4,517	4,645	4,775	4,906
29	4,678	4,811	4,945	5,082
30	4,839	4,977	5,116	5,257

LONGUEUR	CIRCONFÉR. 1m50	CIRCONFÉR. 1m52	CIRCONFÉR. 1m54	CIRCONFÉR. 1m56
Mètres.				
1	0,180	0,185	0,190	0,195
2	0,360	0,370	0,380	0,389
3	0,540	0,555	0,569	0,584
4	0,720	0,739	0,759	0,779
5	0,900	0,924	0,949	0,973
6	1,080	1,109	1,138	1,168
7	1,260	1,294	1,328	1,363
8	1,440	1,478	1,518	1,558
9	1,620	1,663	1,608	1,752
10	1,800	1,848	1,897	1,947
11	1,980	2,033	2,087	2,142
12	2,160	2,217	2,277	2,337
13	2,340	2,402	2,467	2,531
14	2,520	2,587	2,656	2,726
15	2,700	2,772	2,846	2,921
16	2,880	2,957	3,036	3,116
17	3,060	3,142	3,226	3,310
18	3,240	3,327	3,415	3,504
19	3,420	3,512	3,605	3,699
20	3,600	3,697	3,795	3,894
21	3,780	3,881	3,985	4,088
22	3,960	4,066	4,174	4,283
23	4,140	4,251	4,364	4,478
24	4,320	4,436	4,554	4,673
25	4,500	4,621	4,743	4,867
26	4,680	4,806	4,933	5,062
27	4,860	4,990	5,123	5,257
28	5,040	5,175	5,312	5,451
29	5,220	5,360	5,502	5,646
30	5,400	5,545	5,692	5,841

LONGUEUR	CIRCONFÉR. 1m58	CIRCONFÉR. 1m60	CIRCONFÉR. 1m62	CIRCONFÉR. 1m64
Mètres.				
1	0,200	0,205	0,262	0,215
2	0,399	0,410	0,525	0,430
3	0,599	0,614	0,787	0,646
4	0,799	0,819	1,050	0,861
5	0,999	1,024	1,312	1,076
6	1,198	1,229	1,575	1,291
7	1,398	1,434	1,837	1,506
8	1,598	1,638	2,100	1,721
9	1,897	1,843	2,362	1,936
10	1,997	2,048	2,624	2,152
11	2,197	2,253	2,887	2,367
12	2,397	2,458	3,149	2,582
13	2,596	2,663	3,411	2,797
14	2,796	2,867	3,674	3,012
15	2,996	3,072	3,936	3,228
16	3,195	3,277	4,198	3,443
17	3,395	3,482	4,461	3,658
18	3,595	3,687	4,724	3,873
19	3,795	3,892	4,986	4,088
20	3,994	4,096	5,249	4,303
21	4,194	4,301	5,511	4,519
22	4,394	4,506	5,774	4,734
23	4,594	4,711	6,036	4,949
24	4,793	4,916	6,299	5,164
25	4,993	5,120	6,561	5,379
26	5,193	5,325	6,824	5,594
27	5,392	5,530	7,086	5,810
28	5,592	5,734	7,348	6,025
29	5,792	5,939	7,611	6,240
30	5,991	6,144	7,873	6,455

LONGUEUR	CIRCONFÉR. 1ᵐ66	CIRCONFÉR. 1ᵐ68	CIRCONFÉR. 1ᵐ70	CIRCONFÉR. 1ᵐ72
Mètres.				
1	0,220	0,226	0,231	0,237
2	0,441	0,452	0,462	0,473
3	0,661	0,677	0,694	0,710
4	0,882	0,903	0,925	0,947
5	1,102	1,129	1,156	1,183
6	1,323	1,335	1,387	1,420
7	1,543	1,579	1,618	1,657
8	1,764	1,806	1,850	1,893
9	1,984	2,031	2,081	2,130
10	2,204	2,258	2,312	2,367
11	2,425	2,484	2,543	2,603
12	2,645	2,710	2,774	2,840
13	2,865	2,935	3,005	3,077
14	3,086	3,161	3,236	3,313
15	3,307	3,387	3,468	3,550
16	3,527	3,613	3,699	3,787
17	3,748	3,839	3,930	4,023
18	3,968	4,064	4,161	4,260
19	4,189	4,290	4,392	4,497
20	4,409	4,516	4,624	4,733
21	4,629	4,742	4,855	4,970
22	4,850	4,967	5,086	5,207
23	5,070	5,193	5,317	5,443
24	5,290	5,419	5,549	5,680
25	5,511	5,645	5,780	5,917
26	5,731	5,871	6,011	6,153
27	5,952	6,096	6,242	6,390
28	6,173	6,322	6,474	6,627
29	6,393	6,548	6,705	6,863
30	6,613	6,774	6,936	7,100

LONGUEUR	CIRCONFÉR. 1^m74	CIRCONFÉR. 1^m76	CIRCONFÉR. 1^m78	CIRCONFÉR. 1^m80
Mètres.				
1	0,242	0,248	0,253	0,259
2	0,484	0,496	0,507	0,518
3	0,727	0,743	0,760	0,778
4	0,969	0,991	1,014	1,037
5	1,211	1,239	1,267	1,296
6	1,453	1,487	1,521	1,555
7	1,696	1,735	1,774	1,814
8	1,938	1,982	2,028	2,074
9	2,180	2,230	2,281	2,333
10	2,422	2,478	2,535	2,592
11	2,664	2,726	2,788	2,851
12	2,907	2,974	3,042	3,110
13	3,149	3,221	3,295	3,370
14	3,391	3,469	3,549	3,629
15	3,633	3,717	3,802	3,888
16	3,875	3,965	4,056	4,147
17	4,118	4,213	4,309	4,406
18	4,360	4,460	4,563	4,666
19	4,602	4,708	4,816	4,925
20	4,844	4,956	5,069	5,184
21	5,086	5,204	5,323	5,443
22	5,329	5,452	5,576	5,702
23	5,571	5,699	5,830	5,962
24	5,813	5,947	6,083	6,221
25	6,055	6,195	6,337	6,480
26	6,297	6,443	6,590	6,739
27	6,540	6,691	6,844	6,998
28	6,782	6,938	7,097	7,258
29	7,024	7,186	7,351	7,517
30	7,266	7,434	7,604	7,776

TARIF DE CUBAGE.

LONGUEUR	CIRCONFÉR. 1m82	CIRCONFÉR. 1m84	CIRCONFÉR. 1m86	CIRCONFÉR. 1m88
Mètres.				
1	0,265	0,271	0,277	0,283
2	0,530	0,542	0,553	0,566
3	0,795	0,813	0,830	0,848
4	1,060	1,084	1,107	1,131
5	1,325	1,354	1,384	1,414
6	1,590	1,625	1,661	1,697
7	1,855	1,896	1,937	1,979
8	2,120	2,167	2,214	2,262
9	2,385	2,438	2,491	2,545
10	2,650	2,708	2,768	2,828
11	2,915	2,979	3,045	3,110
12	3,180	3,250	3,321	3,393
13	3,445	3,521	3,598	3,676
14	3,710	3,792	3,875	3,959
15	3,975	4,063	4,152	4,241
16	4,240	4,334	4,428	4,524
17	4,505	4,604	4,705	4,807
18	4,770	4,875	4,982	5,090
19	5,035	5,146	5,259	5,372
20	5,300	5,417	5,535	5,655
21	5,565	5,688	5,812	5,938
22	5,830	5,959	6,089	6,221
23	6,095	6,230	6,366	6,503
24	6,350	6,500	6,643	6,786
25	6,625	6,771	6,919	7,069
26	6,890	7,042	7,196	7,352
27	7,155	7,313	7,473	7,634
28	7,420	7,584	7,750	7,917
29	7,685	7,855	8,027	8,200
30	7,950	8,125	8,303	8,483

LONGUEUR	CIRCONFÉR. 1ᵐ90	CIRCONFÉR. 1ᵐ92	CIRCONFÉR. 1ᵐ94	CIRCONFÉR. 1ᵐ96
Mètres.				
1	0,289	0,295	0,301	0,307
2	0,578	0,590	0,602	0,615
3	0,866	0,885	0,903	0,922
4	1,155	1,180	1,204	1,229
5	1,444	1,475	1,505	1,537
6	1,733	1,769	1,807	1,844
7	2,022	2,064	2,108	2,151
8	2,310	2,359	2,409	2,459
9	2,599	2,654	2,710	2,766
10	2,888	2,949	3,011	3,073
11	3,177	3,244	3,312	3,381
12	3,466	3,539	3,613	3,688
13	3,754	3,834	3,914	3,995
14	4,043	4,129	4,215	4,303
15	4,332	4,424	4,516	4,610
16	4,621	4,719	4,817	4,917
17	4,910	5,014	5,119	5,225
18	5,198	5,308	5,420	5,532
19	5,487	5,603	5,721	5,839
20	5,776	5,898	6,022	6,147
21	6,065	6,193	6,323	6,454
22	6,354	6,488	6,624	6,761
23	6,642	6,783	6,925	7,069
24	6,931	7,078	7,226	7,376
25	7,220	7,373	7,527	7,683
26	7,509	7,668	7,828	7,991
27	7,798	7,963	8,129	8,298
28	8,086	8,258	8,430	8,605
29	8,375	8,552	8,732	8,913
30	8,664	8,847	9,033	9,220

TARIF DE CUBAGE.

LONGUEUR	CIRCONFÉR. 1ᵐ98	CIRCONFÉR. 2ᵐ00	CIRCONFÉR. 2ᵐ02	CIRCONFÉR. 2ᵐ04
Mètres.				
1	0,314	0,320	0,326	0,333
2	0,627	0,640	0,653	0,666
3	0,941	0,960	0,979	0,999
4	1,255	1,280	1,306	1,332
5	1,568	1,600	1,632	1,665
6	1,882	1,920	1,958	1,998
7	2,195	2,240	2,285	2,331
8	2,509	2,560	2,611	2,663
9	2,823	2,880	2,937	2,996
10	3,136	3,200	3,264	3,329
11	3,450	3,520	3,591	3,662
12	3,764	3,840	3,917	3,995
13	4,078	4,160	4,244	4,328
14	4,491	4,480	4,570	4,661
15	4,705	4,800	4,897	4,994
16	5,018	5,120	5,223	5,327
17	5,332	5,440	5,549	5,660
18	5,645	5,760	5,876	5,983
19	5,959	6,080	6,202	6,316
20	6,273	6,400	6,529	6,659
21	6,586	6,720	6,855	6,991
22	6,900	7,040	7,182	7,324
23	7,214	7,360	7,508	7,657
24	7,527	7,680	7,835	7,990
25	7,841	8,000	8,161	8,323
26	8,155	8.320	8,487	8,656
27	8,468	8,640	8,814	8,989
28	8,782	8,960	9,140	9,322
29	9,096	9,280	9,467	9,655
30	9,409	9,600	9,793	9,988

LONGUEUR	CIRCONFÉR. 2ᵐ06	CIRCONFÉR. 2ᵐ08	CIRCONFÉR. 2ᵐ10	CIRCONFÉR. 2ᵐ12
Mètres.				
1	0,339	0,346	0,353	0,360
2	0,679	0,692	0,706	0,719
3	1,019	1,038	1,058	1,079
4	1,358	1,385	1,411	1,438
5	1,697	1,731	1,764	1,798
6	2,037	2,077	2,117	2,157
7	2,376	2,423	2,470	2,517
8	2,715	2,769	2,822	2,876
9	3,055	3,115	3,175	3,236
10	3,395	3,461	3,528	3,596
11	3,734	3,807	3,881	3,955
12	4,074	4,153	4,234	4,315
13	4,413	4,499	4,586	4,674
14	4,753	4,846	4,939	5,034
15	5,092	5,192	5,292	5,393
16	5,432	5,538	5,645	5,753
17	5,771	5,884	5,998	6,112
18	6,111	6,230	6,350	6,472
19	6,450	6,576	6,703	6,831
20	6,790	6,922	7,056	7,191
21	7,129	7,268	7,409	7,551
22	7,469	7,614	7,762	7,910
23	7,808	7,960	8,114	8,270
24	8,148	8,307	8,467	8,629
25	8,487	8,653	8,820	8,989
26	8,827	8,999	9,173	9,348
27	9,166	9,345	9,526	9,708
28	9,506	9,691	9,878	10,067
29	9,845	10,037	10,231	10,427
30	10,185	10,383	10,584	10,787

LONGUEUR	CIRCONFÉR. 2ᵐ14	CIRCONFÉR. 2ᵐ16	CIRCONFÉR. 2ᵐ18	CIRCONFÉR. 2ᵐ20
Mètres.				
1	0,366	0,373	0,380	0,387
2	0,633	0,747	0,760	0,774
3	1,099	1,120	1,141	1,162
4	1,466	1,493	1,521	1,549
5	1,832	1,866	1,901	1,936
6	2,198	2,240	2,281	2,323
7	2,565	2,613	2,661	2,710
8	2,931	2,986	3,042	3,098
9	3,297	3,359	3,422	3,485
10	3,664	3,733	3,802	3,872
11	4,030	4,116	4,182	4,259
12	4,396	4,489	4,562	4,646
13	4,763	4,862	4,943	5,034
14	5,129	5,236	5,323	5,421
15	5,496	5,599	5,703	5,808
16	5,862	5,972	6,083	6,195
17	6,228	6,345	6,463	6,582
18	6,595	6,719	6,844	6,970
19	6,961	7,092	7,224	7,357
20	7,327	7,465	7,604	7,744
21	7,694	7,838	7,984	8,131
22	8,060	8,212	8,364	8,518
23	8,426	8,585	8,745	8,906
24	8,793	8,958	9,125	9,293
25	9,159	9,331	9,505	9,680
26	9,525	9,705	9,885	10,067
27	9,892	10,078	10,265	10,454
28	10,258	10,451	10,646	10,842
29	10,624	10,824	11,026	11,229
30	10,991	11,197	11,406	11,616

LONGUEUR	CIRCONFÉR. 2ᵐ22	CIRCONFÉR. 2ᵐ24	CIRCONFÉR. 2ᵐ26	CIRCONFÉR. 2ᵐ28
Mètres.				
1	0,394	0,401	0,409	0,416
2	0,789	0,803	0,817	0,832
3	1,183	1,204	1,226	1,248
4	1,577	1,606	1,634	1,664
5	1,971	2,007	2,043	2,079
6	2,366	2,409	2,452	2,495
7	2,760	2,810	2,860	2,911
8	3,154	3,211	3,269	3,327
9	3,548	3,613	3,678	3,743
10	3,943	4,014	4,086	4,159
11	4,337	4,415	4,495	4,575
12	4,731	4,817	4,904	4,991
13	5,125	5,218	5,312	5,407
14	5,520	5,620	5,721	5,823
15	5,914	6,021	6,129	6,239
16	6,308	6,422	6,538	6,654
17	6,702	6,824	6,947	7,060
18	7,096	7,225	7,355	7,486
19	7,491	7,626	7,764	7,902
20	7,885	8,028	8,172	8,317
21	8,280	8,429	8,581	8,733
22	8,674	8,831	8,990	9,149
23	9,068	9,232	9,398	9,565
24	9,463	9,634	9,807	9,981
25	9,857	10,035	10,215	10,397
26	10,251	10,436	10,624	10,813
27	10,645	10,838	11,033	11,229
28	11,040	11,239	11,441	11,645
29	11,434	11,640	11,850	12,061
30	11,828	12,042	12,258	12,476

LONGUEUR	CIRCONFÉR. 2m30	CIRCONFÉR. 2m32	CIRCONFÉR. 2m34	CIRCONFÉR. 2m36
Mètres.				
1	0,423	0,431	0,438	0,446
2	0,846	0,861	0,876	0,891
3	1,270	1,292	1,314	1,337
4	1,693	1,722	1,752	1,782
5	2,116	2,153	2,190	2,228
6	2,539	2,584	2,628	2,673
7	2,962	3,014	3,066	3,119
8	3,386	3,445	3,504	3,564
9	3,809	3,876	3,942	4,010
10	4,232	4,306	4,380	4,456
11	4,655	4,737	4,819	4,902
12	5,078	5,168	5,257	5,347
13	5,502	5,598	5,695	5,793
14	5,925	6,029	6,133	6,239
15	6,348	6,459	6,571	6,684
16	6,771	6,890	7,009	7,129
17	7,194	7,320	7,447	7,575
18	7,618	7,751	7,885	8,020
19	8,041	8,181	8,323	8,466
20	8,464	8,612	8,761	8,911
21	8,887	9,042	9,199	9,357
22	9,310	9,473	9,637	9,802
23	9,734	9,904	10,075	10,247
24	10,167	10,334	10,513	10,693
25	10,580	10,765	10,951	11,139
26	11,003	11,195	11,389	11,584
27	11,426	11,626	11,827	12,030
28	11,850	12,057	12,265	12,476
29	12,273	12,487	12,703	12,922
30	12,696	12,918	13,141	13,367

LONGUEUR	CIRCONFÉR. 2^m38	CIRCONFÉR. 2^m40	CIRCONFÉR. 2^m42	CIRCONFÉR. 2^m44
Mètres.				
1	0,453	0,461	0,469	0,476
2	0,906	0,922	0,937	0,953
3	1,360	1,382	1,406	1,429
4	1,813	1,843	1,874	1,905
5	2,266	2,304	2,343	2,381
6	2,719	2,765	2,811	2,858
7	3,172	3,226	3,280	3,334
8	3,625	3,686	3,748	3,810
9	4,078	4,447	4,217	4,286
10	4,532	4,608	4,685	4,763
11	4,985	5,069	5,154	5,239
12	5,438	5,530	5,622	5,715
13	5,891	5,990	6,091	6,191
14	6,344	6,451	6,559	6,668
15	6,797	6,912	7,028	7,144
16	7,250	7,373	7,496	7,620
17	7,704	7,834	7,965	8,096
18	8,157	8,294	8,433	8,573
19	8,610	8,755	8,902	9,050
20	9,063	9,216	9,370	9,526
21	9,516	9,677	9,839	9,952
22	9,969	10,138	10,307	10,428
23	10,422	10,598	10,776	10,905
24	10,876	11,059	11,244	11,384
25	11,329	11,520	11,713	11,907
26	11,782	11,981	12,181	12,383
27	12,235	12,442	12,650	12,860
28	12,688	12,902	13,118	13,336
29	13,141	13,363	13,587	13,812
30	13,595	13,824	14,055	14,289

LONGUEUR	CIRCONFÉR. 2m46	CIRCONFÉR. 2m48	CIRCONFÉR. 2m50	CIRCONFÉR. 2m52
Mètres.				
1	0,484	0,492	0,500	0,508
2	0,968	0,984	1,000	1,016
3	1,452	1,476	1,500	1,524
4	1,937	1,968	2,000	2,032
5	2,421	2,460	2,500	2,540
6	2,905	2,952	3,000	3,048
7	3,389	3,444	3,500	3,556
8	3,873	3,936	4,000	4,064
9	4,357	4,428	4,500	4,572
10	4,841	4,920	5,000	5,080
11	5,325	5,412	5,500	5,588
12	5,810	5,904	6,000	6,096
13	6,294	6,396	6,500	6,604
14	6,778	6,888	7,000	7,112
15	7,262	7,381	7,500	7,621
16	7,746	7,873	8,000	8,129
17	8,230	8,365	8,500	8,637
18	8,714	8,857	9,000	9,145
19	9,198	9,349	9,500	9,653
20	9,683	9,841	10,000	10,161
21	10,167	10,333	10,500	10,669
22	10,651	10,825	11,000	11,177
23	11,135	11,317	11,500	11,685
24	11,619	11,809	12,000	12,193
25	12,103	12,301	12,500	12,701
26	12,587	12,793	13,000	13,209
27	13,071	13,285	13,500	13,717
28	13,556	13,777	14,000	14,225
29	14,040	14,269	14,500	14,733
30	14,524	14,761	15,000	15,241

LONGUEUR	CIRCONFÉR. 2m54	CIRCONFÉR. 2m56	CIRCONFÉR. 2m58	CIRCONFÉR. 2m60
Mètres.				
1	0,516	0,524	0,533	0,541
2	1,032	1,049	1,065	1,082
3	1,548	1,563	1,598	1,622
4	2,065	2,087	2,130	2,193
5	2,581	2,621	2,663	2,704
6	3,097	3,146	3,195	3,245
7	3,613	3,670	3,728	3,786
8	4,129	4,194	4,260	4,326
9	4,645	4,718	4,793	4,867
10	5,161	5,243	5,325	5,408
11	5,677	5,767	5,858	5,949
12	6,194	6,291	6,390	6,490
13	6,710	6,815	6,923	7,030
14	7,226	7,340	7,455	7,571
15	7,742	7,864	7,988	8,112
16	8,258	8,388	8,520	8,653
17	8,774	8,913	9,053	9,194
18	9,290	9,437	9,585	9,734
19	9,806	9,961	10,118	10,275
20	10,323	10,486	10,650	10,816
21	10,839	11,010	11,183	11,357
22	11,355	11,534	11,715	11,898
23	11,871	12,059	12,248	12,438
24	12,387	12,583	12,780	12,979
25	12,903	13,107	13,313	13,520
26	13,419	13,632	13,845	14,061
27	13,935	14,156	14,378	14,602
28	14,452	14,680	14,910	15,142
29	14,968	15,205	15,443	15,683
30	15,484	15,729	15,975	16,224

LONGUEUR	CIRCONFÉR. 2^m62	CIRCONFÉR. 2^m64	CIRCONFÉR. 2^m66	CIRCONFÉR. 2^m68
Mètres.				
1	0,549	0,558	0,566	0,575
2	1,098	1,115	1,132	1,149
3	1,648	1,673	1,698	1,724
4	2,197	2,230	2,264	2,298
5	2,746	2,788	2,830	2,873
6	3,295	3,345	3,396	3,447
7	3,844	3,903	3,962	4,022
8	4,393	4,460	4,528	4,596
9	4,942	5,018	5,094	5,171
10	5,492	5,576	5,661	5,746
11	6,041	6,133	6,227	6,320
12	6,590	6,691	6,793	6,895
13	7,139	7,248	7,359	7,469
14	7,688	7,806	7,925	8,044
15	8,237	8,365	8,491	8,619
16	8,786	8,921	9,057	9,193
17	9,336	9,479	9,623	9,768
18	9,885	10,036	10,189	10,342
19	10,434	10,594	10,755	10,917
20	10,983	11,151	11,321	11,492
21	11,532	11,709	11,887	12,066
22	12,081	12,266	12,453	12,644
23	12,630	12,824	13,019	13,215
24	13,180	13,381	13,585	13,790
25	13,729	13,939	14,151	14,364
26	14,278	14,496	14,717	14,939
27	14,827	15,054	15,283	15,513
28	15,376	15,612	15,849	16,088
29	15,925	16,170	16,415	16,662
30	16,475	16,727	16,981	17,237

LONGUEUR	CIRCONFÉR. 2m70	CIRCONFÉR. 2m72	CIRCONFÉR. 2m74	CIRCONFÉR. 2m76
Mètres.				
1	0,583	0,592	0,601	0,609
2	1,166	1,183	1,212	1,219
3	1,750	1,776	1,802	1,828
4	2,333	2,368	2,402	2,438
5	2,915	2,959	3,003	3,047
6	3,499	3,551	3,604	3,657
7	4,082	4,143	4,204	4,266
8	4,666	4,735	4,805	4,875
9	5,249	5,327	5,406	5,485
10	5,832	5,919	6,006	6,094
11	6,415	6,511	6,607	6,704
12	6,988	7,103	7,207	7,313
13	7,582	7,695	7,808	7,922
14	8,165	8,286	8,409	8,532
15	8,748	8,878	9,009	9,141
16	9,331	9,470	9,610	9,751
17	9,914	10,062	10,210	10,360
18	10,498	10,554	10,811	10,969
19	11,081	11,246	11,412	11,579
20	11,664	11,837	12,012	12,188
21	12,247	12,429	12,613	12,798
22	12,830	13,021	13,213	13,407
23	13,414	13,613	13,814	14,017
24	13,997	14,205	14,415	14,626
25	14,580	14,797	15,015	15,235
26	15,163	15,389	15,616	15,845
27	15,746	15,981	16,216	16,454
28	16,330	16,573	16,817	17,064
29	16,913	17,164	17,418	17,673
30	17,496	17,756	18,018	18,282

LONGUEUR	CIRCONFÉR. 2m78	CIRCONFÉR. 2m80	CIRCONFÉR. 2m82	CIRCONFÉR. 2m84
Mètres.				
1	0,618	0,627	0,636	0,645
2	1,237	1,254	1,272	1,391
3	1,855	1,882	1,909	1,936
4	2,473	2,509	2,545	2,581
5	3,091	3,136	3,181	3,226
6	3,740	3,763	3,817	3,872
7	4,328	4,390	4,453	4,517
8	4,946	5,018	5,090	5,162
9	5,565	5,645	5,726	5,807
10	6,183	6,272	6,362	6,453
11	6,801	6,899	6,998	7,098
12	7,419	7,526	7,634	7,743
13	8,038	8,154	8,271	8,388
14	8,656	8,781	8,907	9,734
15	9,274	9,408	9,543	9,679
16	9,892	10,035	10,179	10,324
17	10,511	10,662	10,815	10,969
18	11,129	11,290	11,452	11,615
19	11,747	11,917	12,088	12,260
20	12,365	12,544	12,724	12,905
21	12,984	13,171	13,360	13,550
22	13,602	13,798	13,996	14,196
23	14,220	14,426	14,633	14,841
24	14,838	15,053	15,269	15,486
25	15,457	15,680	15,905	16,131
26	16,075	16,307	16,541	16,777
27	16,693	16,934	17,177	17,422
28	17,311	17,562	17,814	18,067
29	17,930	18,189	18,450	18,712
30	18,548	18,816	19,086	19,357

LONGUEUR	CIRCONFÉR. 2ᵐ86	CIRCONFÉR. 2ᵐ88	CIRCONFÉR. 2ᵐ90	CIRCONFÉR. 2ᵐ92
Mètres.				
1	0,654	0,664	0,673	0,682
2	1,309	1,327	1,346	1,364
3	1,963	1.991	2,018	2,046
4	2,618	2,654	2,691	2,729
5	3,272	3,318	3.364	3,411
6	3,926	3,981	4,037	4,093
7	4,581	4,645	4,710	4,775
8	5,227	5,308	5,382	5,457
9	5,889	5,972	6,055	6,139
10	6,544	6,636	6,728	6,821
11	7,198	7,299	7,401	7,503
12	7,852	7,963	8,074	8,185
13	8,507	8,627	8,746	8,868
14	9,161	9,290	9,419	9,550
15	9,816	9,953	10,092	10,232
16	10,470	10,617	10,765	10,914
17	11,124	11.281	11,438	11,596
18	11,778	11,944	12,110	12,278
19	12,433	12,607	12,783	12,960
20	13,087	13,271	13,456	13,642
21	13,741	13,935	14,129	14,324
22	14,395	14,598	14,802	15,007
23	15,050	15,264	15,474	15,689
24	15,705	15,925	16,147	16,371
25	16,359	16,589	16,820	17,053
26	17,014	17,252	17,493	17,735
27	17,668	17,916	18,166	18,417
28	18,322	18,580	18,838	19,099
29	18,976	19,244	19,511	19,781
30	19,631	19,907	20,184	20,463

LONGUEUR	CIRCONFÉR. 2m94	CIRCONFÉR. 2m96	CIRCONFÉR. 2m98	CIRCONFÉR. 3m00
Mètres.				
1	0,692	0,701	0,710	0,720
2	1,383	1,402	1,421	1,440
3	2,075	2,103	2,131	2,160
4	2,766	2,804	2,842	2,880
5	3,457	3,505	3,552	3,600
6	4,149	4,206	4,263	4,320
7	4,840	4,907	4,973	5,040
8	5,532	5,607	5,684	5,760
9	6,223	6,308	6,394	6,480
10	6,915	7,009	7,104	7,200
11	7,606	7,710	7,815	7,920
12	8,298	8,411	8,525	8,640
13	8,989	9,112	9,236	9,360
14	9,681	9,813	9,946	10,080
15	10,372	10,514	10,657	10,800
16	11,064	11,215	11,367	11,520
17	11,755	11,916	12,077	12,240
18	12,447	12,617	12,788	12,960
19	13,138	13,318	13,498	13,680
20	13,830	14,019	14,209	14,400
21	14,521	14,720	14,919	15,120
22	15,213	15,420	15,630	15,840
23	15,904	16,121	16,340	16,560
24	16,596	16,822	17,051	17,280
25	17,287	17,523	17,761	18,000
26	17,979	18,224	18,471	18,720
27	18,670	18,925	19,182	19,440
28	19,362	19,626	19,892	20,160
29	20,053	20,327	20,603	20,880
30	20,745	21,028	21,313	21,600

III.

TABLES DIVERSES.

TABLES D'INTÉRÊTS COMPOSÉS.

Valeur de 1 franc placé à un des taux ci-dessous, après un nombre d'années donné.

Ans.	3 %	3 1/2	4 %	4 1/2
1	1.0300	1.0350	1.0400	1.0450
2	1.0609	1.0712	1.0816	1.0920
3	1.0927	1.1087	1.1249	1.1412
4	1.1255	1.1475	1.1699	1.1925
5	1.1593	1.1877	1.2167	1.2462
6	1.1941	1.2293	1.2653	1.3023
7	1.2299	1.2723	1.3159	1.3609
8	1.2668	1.3168	1.3686	1.4221
9	1.3048	1.3629	1.4233	1.4861
10	1.3439	1.4106	1.4802	1.5530
11	1.3842	1.4600	1.5395	1.6229
12	1.4258	1.5111	1.6010	1.6959
13	1.4685	1.5640	1.6651	1.7722
14	1.5126	1.6187	1.7317	1.8519
15	1.5580	1.6753	1.8009	1.9353
16	1.6047	1.7340	1.8730	2.0224
17	1.6528	1.7947	1.9479	2.1134
18	1.7024	1.8575	2.0258	2.2085
19	1.7535	1.9225	2.1068	2.3079
20	1.8061	1.9898	2.1911	2.4117
21	1.8603	2.0594	2.2788	2.5202
22	1.9161	2.1315	2.3699	2.6337
23	1.9736	2.2061	2.4647	2.7522
24	2.0328	2.2833	2.5633	2.8760
25	2.0938	2.3632	2.6658	3.0054
26	2.1566	2.4460	2.7725	3.1407
27	2.2213	2.5316	2.8834	3.2820
28	2.2879	2.6202	2.9987	3.4297
29	2.3566	2.7119	3.1187	3.5840
30	2.4273	2.8068	3.2434	3.7453

TABLES D'INTÉRÊTS COMPOSÉS.

Valeur de 1 franc placé à un des taux ci-dessous, après un nombre d'années donné.

Ans.	5 %	5 ¹/₂.	6 %	6 ¹/₂
1	1.0500	1.0550	1.0600	1.0650
2	1.1025	1.1130	1.1236	1.1342
3	1.1576	1.1742	1.1910	1.2079
4	1.2155	1.2388	1.2625	1.2865
5	1.2763	1.3070	1.3382	1.3701
6	1.3401	1.3788	1.4185	1.4591
7	1.4071	1.4547	1.5036	1.5540
8	1.4775	1.5347	1.5938	1.6550
9	1.5513	1.6191	1.6895	1.7626
10	1.6289	1.7081	1.7908	1.8771
11	1.7103	1.8021	1.8983	1.9992
12	1.7959	1.9012	2.0122	2.1291
13	1.8856	2.0058	2.1329	2.2675
14	1.9799	2.1161	2.2609	2.4149
15	2.0789	2.2325	2.3966	2.5718
16	2.1829	2.3553	2.5404	2.7390
17	2.2920	2.4848	2.6928	2.9170
18	2.4066	2.6215	2.8543	3.1067
19	2.5270	2.7656	3.0256	3.3086
20	2.6533	2.9178	3.2071	3.5236
21	2.7860	3.0782	3.3996	3.7527
22	2.9253	3.2475	3.6035	3.9966
23	3.0715	3.4262	3.8197	4.2564
24	3.2251	3.6146	4.0489	4.5331
25	3.3864	3.8134	4.2919	4.8277
26	3.5557	4.0231	4.5494	5.1415
27	3.7335	4.2444	4.8223	5.4757
28	3.9201	4.4778	5.1117	5.8316
29	4.1161	4.7241	5.4184	6.2107
30	4.3219	4.9840	5.7435	6.6144

TABLES D'INTÉRÊTS COMPOSÉS.

Valeur de 1 franc placé à un des taux ci-dessous, après un nombre d'années donné.

Ans.	7 %	7 ¹/₂	8 %	8 ¹/₂
1	1.0700	1.0750	1.0800	1.0850
2	1.1449	1.1556	1.1664	1.1772
3	1.2250	1.2423	1.2597	1.2773
4	1.3108	1.3355	1.3605	1.3859
5	1.4026	1.4356	1.4693	1.5037
6	1.5007	1.5433	1.5869	1.6315
7	1.6058	1.6590	1.7138	1.7701
8	1.7182	1.7835	1.8509	1.9206
9	1.8385	1.9172	1.9990	2.0839
10	1.9672	2.0610	2.1589	2.2610
11	2.1049	2.2156	2.3316	2.4532
12	2.2522	2.3818	2.5182	2.6617
13	2.4098	2.5604	2.7196	2.8879
14	2.5785	2.7524	2.9372	3.1334
15	2.7590	2.9589	3.1722	3.3997
16	2.9522	3.1808	3.4259	3.6887
17	3.1588	3.4194	3.7000	4.0023
18	3.3799	3.6758	3.9960	4.3425
19	3.6165	3.9515	4.3157	4.7116
20	3.8697	4.2479	4.6610	5.1120
21	4.1406	4.5664	5.0338	5.5466
22	4.4304	4.9089	5.4365	6.0180
23	4.7405	5.2771	5.8715	6.5296
24	5.0724	5.6729	6.3412	7.0846
25	5.4274	6.0983	6.8485	7.6868
26	5.8074	6.5557	7.3964	8.3401
27	6.2139	7.0474	7.9881	9.0490
28	6.6488	7.5759	8.6271	9.8182
29	7.1143	8.1441	9.3173	10.6528
30	7.6123	8.7550	10.0627	11.5583

TABLES D'ANNUITÉS.

Valeur de 1 franc placé au commencement de chaque année,
à un des taux ci-dessous, après un nombre d'années donné.

Ans.	3 %	3 1/2	4 %	4 1/2
1	1.0000	1.0000	1.0000	1.0000
2	2 0300	2.0350	2.0400	2.0450
3	3.0909	3.1062	3.1216	3.1370
4	4.1836	4.2149	4.2465	4.2782
5	5.3091	5.3625	5.4163	5.4707
6	6.4684	6.5502	6.6330	6.7169
7	7.6625	7.7794	7.8983	8.0192
8	8.8923	9.0517	9.2142	9.3800
9	10.1591	10.3685	10.5828	10.8021
10	11.4639	11.7314	12.0061	12.2882
11	12.8078	13.1420	13.4864	13.8412
12	14.1920	14.6020	15.0258	15.4640
13	15.6178	16.1130	16.6268	17.1599
14	17.0863	17 6770	18.2919	18.9321
15	18.5989	19.2957	20.0236	20.7841
16	20.1569	20.9710	21.8245	22.7193
17	21.7616	22.7050	23.6975	24.7417
18	23.4144	24.4997	25.6454	26.8551
19	25.1169	26.3572	27.6712	29.0636
20	26.8704	28 2797	29.7781	31.3714
21	28.6765	30.2695	31.9692	33.7831
22	30 5368	32.3289	34.2480	36.3034
23	32.4529	34.4604	36.6179	38.9370
24	34.4265	36.6665	39 0826	41.6892
25	36 4593	38.9499	41.6459	44.5652
26	38.5530	41.3131	44.3117	47.5706
27	40.7096	43.7591	47.0842	50.7113
28	42.9309	46.2906	49.9676	53 9933
29	45.2189	48.9108	52 9663	57.4230
30	47.5754	51.6227	56.0849	61.0071

TABLES D'ANNUITÉS.

Valeur de 1 franc placé au commencement de chaque année,
à un des taux ci-dessous, après un nombre d'années donné.

Ans.	5 %	5 ½	6 %	6 ½
1	1.0000	1.0000	1.0000	1.0000
2	2.0500	2.0550	2.0600	2.0650
3	3.1525	3.1680	3.1836	3.1992
4	4.3101	4.3423	4.3746	4.4072
5	5.5256	5.5811	5.6371	5.6936
6	6.8019	6.8881	6.9753	7.0637
7	8.1420	8.2669	8.3938	8.5229
8	9.5491	9.7216	9.8975	10.0769
9	11.0266	11.2563	11.4913	11.7319
10	12.5779	12.8754	13.1808	13.4944
11	14.2068	14.5835	14.9716	15.3716
12	15.9171	16.3856	16.8699	17.3707
13	17.7130	18.2868	18.8821	19.4998
14	19.5986	20.2926	21.0151	21.7673
15	21.5786	22.4087	23.2760	24.1822
16	23.6575	24.6411	25.6725	26.7540
17	25.8404	26.9964	28.2129	29.4930
18	28.1324	29.4812	30.9057	32.4101
19	30.5390	32.1027	33.7600	35.5167
20	33.0660	34.8683	36.7856	38.8253
21	35.7193	37.7861	39.9927	42.3490
22	38.5052	40.8643	43.3923	46.1016
23	41.4305	44.1118	46.9958	50.0982
24	44.5020	47.5380	50.8156	54.3546
25	47.7271	51.1526	54.8645	58.8877
26	51.1135	54.9660	59.1564	63.7154
27	54.6691	58.9891	63.7058	68.8569
28	58.4026	63.2335	68.5281	74.3326
29	62.3227	67.7114	73.6398	80.1642
30	66.4388	72.4355	79.0582	86.3749

TABLES D'ANNUITÉS.

Valeur de 1 franc placé au commencement de chaque année,
à un des taux ci-dessous, après un nombre d'années donné.

Ans.	7 %	7 1/2	8 %	8 1/2
1	1.0000	1.0000	1.0000	1.0000
2	2.0700	2.0750	2.0800	2.0850
3	3.2149	3.2306	3.2464	3.2622
4	4.4399	4.4729	4.5061	4.5395
5	5.7507	5.8084	5.8666	5.9254
6	7.1533	7.2440	7.3359	7.4290
7	8.6540	8.7873	8.9228	9.0605
8	10.2598	10.4464	10.6366	10.8306
9	11.9780	12.2298	12.4876	12.7512
10	13.8164	14.1471	14.4866	14.8351
11	15.7836	16.2081	16.6455	17.0961
12	17.8885	18.4237	18.9771	19.5492
13	20.1406	20.8055	21.4953	22.2109
14	22.5505	23.3659	24.2149	25.0989
15	25.1290	26.1184	27.1521	28.2323
16	27.8881	29.0772	30.3243	31.6320
17	30.8402	32.2580	33.7502	35.3207
18	33.9990	35.6774	37.4502	39.3230
19	37.3790	39.3532	41.4463	43.6654
20	40.9955	43.3047	45.7620	48.3770
21	44.8652	47.5525	50.4229	53.4891
22	49.0057	52.1190	55.4568	59.0356
23	53.4361	57.0279	60.8933	65.0537
24	58.1767	62.3050	66.7648	71.5832
25	63.2490	67.9779	73.1059	78.6678
26	68.6765	74.0762	79.9544	86.3546
27	74.4838	80.6319	87.3508	94.6947
28	80.6977	87.6793	95.3388	103.7437
29	87.3465	95.2553	103.9659	113.5620
30	94.4608	103.3994	113.2832	124.2147

Nota. Le rayon moyen du couvert d'un arbre étant connu, on peut savoir, par la table ci-contre, quel est le plus grand nombre d'arbres des mêmes dimensions que peut contenir un hectare de forêt, avec la condition que les branches de ces arbres ne se touchent que par les extrémités. Réciproquement, étant donné le nombre d'arbres d'un hectare de forêt, on peut connaître la superficie de l'arbre moyen de cet hectare.

Ces renseignements peuvent aider à former le coup d'œil dans les diverses appréciations forestières.

TABLE DU COUVERT, CALCULÉE AVEC LA FORMULE πr^2.

Couvert.		Nombre d'arbres à l'hectare.	Couvert.		Nombre d'arbres à l'hectare.
Rayon.	Superficie.		Rayon.	Superficie.	
1	2	3	1	2	3
	m. q.			m. q.	
1m »	3 14	3,183	4m40	60 79	164
1 20	4 52	2,212	4 60	66 44	150
1 40	6 15	1,620	4 80	72 34	138
1 60	8 03	1,256	5 »	78 50	128
1 80	10 17	984	5 20	84 90	118
2 »	12 56	790	5 40	91 56	109
2 20	15 20	657	5 60	98 47	101
2 40	18 08	553	5 80	105 62	94
2 60	21 23	479	6 »	113 04	88
2 80	24 62	406	6 50	132 66	75
3 »	28 26	353	7 »	153 86	64
3 20	32 15	312	7 50	176 63	56
3 40	36 30	275	8 »	200 96	49
3 60	40 69	245	8 50	226 24	44
3 80	45 34	220	9 »	254 34	39
4 »	50 24	199	10 »	314 15	32
4 20	55 39	179	11 »	380 06	28

TARIFS DE RECETTE ET DE CLASSEMENT DES BOIS DE MARINE

(Arrêté ministériel du 2 juin 1852, modifié selon le cahier des charges du 1er juillet 1857.)

SIGNAUX.	LONGUEUR.	ÉQUARRISSAGE.		PETIT BOUT.	FLÈCHE de l'arc en millimètres par mètre de longueur.	OBSERVATIONS.
		LARGEUR (tour).	ÉPAISSEUR (droit.)			
	déc.	cent.	cent.	cent.		

Bois droits.

QUILLE.

SIGNAUX.	LONGUEUR.	LARGEUR (tour).	ÉPAISSEUR (droit.)	PETIT BOUT.	OBSERVATIONS.
1 Q^1	110	44	44	44-44	La pièce sera tout à fait droite et sans défournis. — Le minimum, au petit bout, sera susceptible de tolérance sur le tour, pourvu que le défourni n'existe que sur une des faces et seulement sur une longueur égale au 1/6e de la longueur totale.—Ce signal exclut tous les bois affectés de défauts qui seraient de nature à occasionner des voies d'eau; telles sont, dans une certaine mesure, les gerçures, gélivures, cadranures, roulures, fibres torses, etc.
2 Q^1	100	40	40	40-40	
3 Q^1	90	36	36	36-36	
4 Q^1	80	32	32	32-32	
2 Q^2	90	44	44	44-44	
3 Q^2	80	40	40	40-40	
4 Q^2	70	36	36	36-36	

ÉTAMBOT.

SIGNAUX.	LONGUEUR.	LARGEUR (tour).	ÉPAISSEUR (droit.)	PETIT BOUT.	OBSERVATIONS.
1 ET	108	50	44	50-44	Ce signal est assujetti aux mêmes conditions que la quille, sauf qu'il n'est pas toléré de défournis au petit bout.
2 ET	86	46	40	46-40	
3 ET	80	44	36	44-36	
4 ET	70	40	32	40-32	

MÈCHE DE GOUVERNAIL.

SIGNAUX.	LONGUEUR.	LARGEUR (tour).	ÉPAISSEUR (droit.)	PETIT BOUT.	OBSERVATIONS.
1 MG	100	72	66	40-44	La pièce sera tout à fait droite et sans défournis.—Les largeur et épaisseur sont prises à deux mètres du pied.—Ce signal exclut particulièrement les bois à fibres torses.
2 MG	96	64	62	36-40	
3 MG	90	56	54	32-36	
4 MG	80	46	44	28-32	

BITTE.

SIGNAUX.	LONGUEUR.	LARGEUR (tour).	ÉPAISSEUR (droit.)	PETIT BOUT.	OBSERVATIONS.
5 BI	46	42	42	38-38	La pièce sera tout à fait droite et sans défournis.
6 BI	40	36	36	30-30	

| SIGNAUX. | LONGUEUR. | ÉQUARRISSAGE. Milieu. | | PETIT BOUT. | FLÈCHE de l'arc en millimètres par mètre de longueur. | OBSERVATIONS. |
		LARGEUR (tour).	ÉPAISSEUR (droit).			
	déc.	cent.	cent.	cent.		

Suite des Bois droits.

PLANÇON[1].

SIGNAUX.	LONGUEUR.	LARGEUR (tour).	ÉPAISSEUR (droit).	PETIT BOUT.	FLÈCHE
2 P*	110	40	40	36-36	
3 P	100	34 / 36	34 / 32	30-30 / 32-28	
4 P	90	30 / 32	30 / 28	26-26 / 28-24	0 à 12
5 P	70	26 / 28	26 / 24	22-22 / 24-20	
6 P	50	22	22	20-20	
7 P	26	16	16	14-14	

DEMI-BAU[2].

SIGNAUX.	LONGUEUR.	LARGEUR (tour).	ÉPAISSEUR (droit).	PETIT BOUT.	FLÈCHE
2 DB	90	44	44	44-44	
3 DB	86	40	40	40-40	8 à 10
4 DB	80	36	36	36-36	

BAU.

SIGNAUX.	LONGUEUR.	LARGEUR (tour).	ÉPAISSEUR (droit).	PETIT BOUT.	FLÈCHE
1 B	120	44	44	44-44	
2 B	100	40	40	40-40	10 à 14
3 B	90	36	36	36-36	
4 B	80	32	32	32-32	

BARROT DE GAILLARD.

SIGNAUX.	LONGUEUR.	LARGEUR (tour).	ÉPAISSEUR (droit).	PETIT BOUT.	FLÈCHE
2 BG	110	36	36	36-36	
3 BG	94	32	32	32-32	12 à 18
4 BG	80	30	30	30-30	
5 BG	70	24	24	24-24	

OBSERVATIONS :

[1] Il pourra être courbe sur les deux faces.—Les courbures seront bien suivies et dans le même sens.— Ce signal exclut les bois affectés de défauts qui ne permettraient pas le débit en bordages.

Nota. La limite d'arc déterminée dans la colonne ci-contre ne s'applique qu'à l'une des faces ; il suffit, pour l'autre, que la courbure soit régulière.

[2] La courbure sera régulière et symétrique à droite et à gauche du milieu de la longueur.—La pièce sera sans défournis, sauf une tolérance sur le droit formulée comme celle de la quille. — Cette tolérance s'étendra jusqu'au 1/3 de la longueur de la pièce, lorsque cette longueur atteindra le minimum exigé pour les baux de même équarrissage.— Ce signal exclut particulièrement les bois à fibres torses.

Id.— Moins la tolérance.

Id.— Moins la tolérance.

* Il est accordé, moyennant une réduction de prix stipulée au cahier des charges de 1857, une tolérance de 10 décimètres sur la longueur des plançons de deuxième espèce, et de 6 décimètres sur celle des plançons de quatrième espèce.

| SIGNAUX. | LONGUEUR. | ÉQUARRISSAGE. | | PETIT BOUT | FLÈCHE de l'arc en millimètres par mètre de longueur. | OBSERVATIONS. |
| | | Milieu. | | | | |
		LARGEUR (tour).	ÉPAISSEUR (droit).			
	déc.	cent.	cent.	cent.		

Bois courbants.

I. Bois à une courbure.

JAS D'ANCRE.

3 J	60	54	64			
4 J	50	50	56		25 à 35	
5 J	40	40	46			
6 J	36	32	36			

DEMI-VARANGUE.

3 DV	60	50	40	— 40	35 et au-dessus.	
4 DV	50	48	38	— 38		
5 DV	40	40	36	— 36		

BOUT D'ALLONGE.

6 BA	36	32	28	— 28	35 et au-dessus.	
7 BA	26	22	22	— 22		

VARANGUE PLATE.

2 V	80	48	40	— 40		
3 V	70	44	36	— 36		
4 V	60	40	32	— 32	35 et au-dessus.	
5 V	50	36	28	— 28		
6 V	46	32	24	— 24		

PRÉCEINTE DE TOUR.

1 PR	100	40	40	40-40	0 à 5 dans un sens. 35 et au-dessus dans l'autre.	Ce signal exclut les bois affectés de défauts qui ne permettraient pas le débit en bordages.
2 PR	90	38	38	38-38		
3 PR	80	36	36	36-36		
4 PR	70	32	32	32-32		

SIGNAUX.	LONGUEUR.	ÉQUARRISSAGE. Milieu.		PETIT BOUT.	FLÈCHE de l'arc en millimètres par mètre de longueur.	OBSERVATIONS.
		LARGEUR (tour).	ÉPAISSEUR (droit).			
	déc.	cent.	cent.	cent.		

Suite des Bois à une courbure.

ALLONGE.

SIGNAUX	LONGUEUR	LARGEUR	ÉPAISSEUR	PETIT BOUT	FLÈCHE	OBSERVATIONS
3 A	48	40	40	— 40		
	44	48	40	— 40		
4 A	44	36	36	— 36	50	
	40	44	36	— 36	et au-dessus.	
5 A	40	32	32	— 32		
6 A	36	28	26	— 26		La courbure sera régulière, sans être nécessairement symétrique à droite et à gauche du milieu de la longueur.—La pièce sera sans défournis, sauf une tolérance sur le tour, formulée comme celle de la quille.—Ce signal est soumis aux mêmes exigences que les quilles et les étambots, en ce qui concerne les défauts qui seraient de nature à occasionner des voies d'eau.

ÉTRAVE.

SIGNAUX	LONGUEUR	LARGEUR	ÉPAISSEUR	PETIT BOUT	FLÈCHE
1 E	90	50	44	— 44	
2 E	70	44	40	— 40	60
3 E	60	40	36	— 36	et au-dessus.
4 E	50	36	32	— 32	

VARANGUE ACCULÉE.

SIGNAUX	LONGUEUR	LARGEUR	ÉPAISSEUR	PETIT BOUT	FLÈCHE
2 VA	44	48	40	— 40	
3 VA	40	44	36	— 36	
4 VA	40	40	32	— 32	75
5 VA	36	36	28	— 28	et au-dessus.
6 VA	30	32	24	— 24	

PIÈCE DE TOUR.

SIGNAUX	LONGUEUR	LARGEUR	ÉPAISSEUR	FLÈCHE	OBSERVATIONS
1 PT	56	40	40	80 et au-dessus dans un sens. 0 à 12 dans l'autre.	Ce signal exclut les bois affectés de défauts qui ne permettraient pas le débit en bordages.
2 PT	52	38	36		
3 PT	48	34	32		
4 PT	40	30	28		

GUIRLANDE.

SIGNAUX	LONGUEUR	LARGEUR	ÉPAISSEUR	PETIT BOUT	FLÈCHE
1 GU	48	54	44	— 44	100
2 GU	40	46	38	— 38	et au-dessus.

SIGNAUX.	LONGUEUR.	ÉQUARRISSAGE. Milieu.		PETIT BOUT.	FLÈCHE de l'arc en millimètres par mètre de longueur.	OBSERVATIONS.
		LARGEUR (tour).	ÉPAISSEUR (droit).			
	déc.	cent.	cent.	cent.		

Suite des Bois à une courbure.

GENOU.

1 G	50	42	40	— 40		
2 G	46	38	36	— 36		
3 G	40	34	32	— 32	100	
4 G	36	30	28	— 28	et au-dessus	
5 G	32	26	24	— 24		
6 G	26	22	22	— 22		

II. Bois à deux courbures dans le même plan.

GENOU DE REVERS.

4 GR	48	40	40	— 40	30 à 60 chaque 1/2 longueur.	
5 GR	40	32	28	— 28		

ALLONGE DE REVERS.

4 AR	48	40	40	— 40	60 à 120 1/2 pied.	
5 AR	40	32	28	— 28	20 à 40 1/2 tête	

III. Bois à deux courbures dans deux plans différents.

BOIS A DEUX BOUGES.

3 B2	100	40	40	36-36	10 à 20 dans un sens.	
4 B2	90	36	36	32-32	10 et au-dessus dans l'autre.	
5 B2	70	32	32	28-28		
6 B2	60	26	26	24-24		

Petits Bois.

7 BB	20	16	16		80 et au-dessus.	Bois de barque.
7 BC	10	6	6		140 à 180	Bois de chaloupe.

COURBES.

SIGNAUX.	LONGUEUR.				LARGEUR (tour).				ÉPAISSEUR (droit)				OUVERTURE EN LIGNE DROITE entre les deux parties de la courbe, à une distance d'un mètre, mesurée sur le pied et sur la branche à partir du sommet.
	pied.		branche.		pied.		branche.		pied.		branche.		
	minimum.	maximum.	minimum.	maximum.	minimum.	maximum.	minimum.	maximum.	minimum.	maximum.	minimum.	maximum.	
	déc	déc	déc	déc	c.	c.	c.	c.	c.	c.	c.	c.	centimètres.
1 CE	30	40	20	30	40	»	36	»	38	44	32	»	140 à 160
1 CJ	20	32	16	26	38	50	36	»	32	44	30	»	140 à 180
1 BR	60	»	20	30	48	»	48	»	44	5.	44	50	170 à 190
2 BR	50	»	20	30	44	»	44	»	40	5.	40	50	170 à 190
1 C	16	24	14	20	32	44	32	»	32	4.	28	»	90 à 150
3 C	14	24	12	20	24	30	20	»	20	30	16	»	120 à 170
5 C	12	12	10	10	14	20	12	»	14	20	12	»	120 à 170

PROPORTIONS ET CLASSEMENT DE LA MATURE
PAR DEGRÉ DE QUALITÉ ET D'UTILITÉ.

DÉSIGNATION.	Grand diamètre.	Petit diamètre.	Longueur minima	DÉSIGNATION.	Grand diamètre.	Petit diamètre.	Longueur minima
	cent	cent.	mètr.		cent.	cent.	mètres.
Ire classe. Mâts de hune et vergues.	78	52	26	Mâts tronçonnés.	81	54	18
	75	50	25		78	52	17,40
	72	48	24		75	50	16,80
	69	46	23		72	48	16,20
	66	44	22		69	46	15,60
	63	42	21		66	44	15
	60	40	20		63	42	14,40
	57	38	19		60	40	13,80
	54	36	18		57	38	13,20
	51	34	17		54	36	12,60
					51	34	12
IIe et IIIe classes. Mèches et jumelles supérieures et inférieures*	84	56	28				
	81	54	27		48	32	16,80
	78	52	26		45	30	16,50
	75	50	25	Mâtereaux.	42	28	16,20
	72	48	24		39	26	15,90
	69	46	23		36	24	15,60
	66	44	22				
	63	42	21		33	22	15
	60	40	20	Menus	30	20	14
	57	38	19	mâtereaux.	27	18	13
	54	36	18		24	16	12
	51	34	17				

* La troisième classe comprend les bois de qualité inférieure.

IV.

RENSEIGNEMENTS.

ESSENCES.	DENSITÉ du bois.	DENSITÉ DU CHARBON	
		en poudre.	en morceaux.
Acajou de Honduras	0.560	»	»
— d'Espagne	0.852	»	»
Acacia	0.717	»	»
Aune	0.601	1.49	»
Arbousier	1.035	»	»
Bouleau	0.812	»	0.364
Buis de France	0.910	»	»
— de Hollande	1.320	»	»
Cèdre	0.486	»	0.238
Châtaignier	»	»	0.279
Chêne anglais	0.934	»	»
Chêne pédonculé	0.808	1.53	0.427
— rouvre	0.872		»
Charme	0.756	»	0.555
Erable	0.674	»	»
Frêne	0.697	»	0.547
Hêtre	0.823	»	0.518
If	0.744	»	»
Mélèze	0.543	»	»
Orme	0.723	»	0.357
Peuplier	0.477	1.45	0.245
Pin blanc (Weymouth)	0.553	»	»
Pin du nord	0.738	»	»
Pin sylvestre	0.559	»	»
Platane	0.648	»	»
Poirier	0.732	»	»
Pommier	0.734	»	0.455
Sapin blanc d'Ecosse	0.529	»	»
— d'Angleterre	0.555	»	»
— des Vosges	0.493	»	»
Saule	0.487	1.55	»
Sorbier	0.673	»	»
Sycomore	0.590	»	»
Tilleul	0.604	1.46	»
Tremble	0.602	»	»
Liége	0.240	»	»
Moelle de sureau	0.076	»	»

TABLEAU DES MESURES EMPLOYÉES DANS LE COMMERCE DES BOIS.

NATIONS.	MESURES DE LONGUEUR.		MESURES DE SURFACE.		MESURES DE SOLIDITÉ.	
	Noms.	Évaluation en mètres linéaires.	Noms.	Évaluation en mètres carrés.	Noms.	Évaluation en mètres cubes.
France.	Mètre.	1	Hectare.	10000	Mètre cube ou stère.	1
	Décimètre.	0.100	Are.	100	Décistère.	0.100
	Centimètre.	0.010	Centiare.	1	Solive ancienne.	0.103
	Millimètre.	0.001	Toise carrée.	3.798	Pied cube.	0.034
	Toise valant 6 pieds de roi.	1.949	Perche des eaux et forêts.	51.072	Stère (bois empilé).	1
	Pied de 12 pouc.	0.324	Arpent des eaux et forêts.	5107.200	Double stère.	2
	Pouce de 12 lig.	0.027			Décastère.	10
	Ligne.	0.002			Corde des eaux et forêts : 8 pieds de couche, 4 pieds de hauteur, 3 pieds 1/2 de longueur de bûche.	3.839
	Perche de 22 pieds.	7.146			Corde de taillis : 8 × 4 × 2.5.	2.742
					Corde de moule : 8 × 4 × 4.	4.387
					Corde sur la Cure.	4.009

NATIONS.	MESURES DE LONGUEUR.		MESURES DE SURFACE.		MESURES DE SOLIDITÉ.	
	Noms.	Evaluation en mètres linéaires.	Noms.	Evaluation en mètres carrés.	Noms.	Evaluation en mètres cubes.
Autriche.	Klafter(6 pieds).	1.896	Ioch ou 1,600 klafters carrés.	5756	Corde sur l'Oise, l'Aisne et la Seine.	5.000
					Corde sur la Marne et l'Ourcq.	4.008
					Corde ports de l'Yonne.	4.007
					Corde port de Montargis.	5.003
					Tonneau de Gironde.	3.636
	Pied (12 pouc.)	0.316	Pfund.	298	Brasse de Gironde	3.570
					Klafter(de Vienne)	3.41
					Klafter (de Salzbourg).	2.344
Bade.	»		Morgen (4 viertels de 100 perches).	3600	Klafter.	3.89
Bavière.	Klafter(6 pieds).	1.752	Arpent.	3707	Klafter.	8.13
	Perche (10 pds).	2.920		»		

NATIONS.	MESURES DE LONGUEUR.		MESURES DE SURFACE.		MESURES DE SOLIDITÉ.	
	Noms.	Evaluation en mètres linéaires.	Noms.	Evaluation en mètres carrés.	Noms.	Evaluation en mètres cubes.
Angleterre.	Faot (pied de 12 pouces).	0.304	Acre (4 roods).	4047	Corde.	3.56
	Yard (3 pieds).	0.914	Rood (1210 yards.)	1012		»
	Vood lang pole (6 yards).	5.487		»		»
Francfort.	Klafter.	1.710		»	Klafter.	2.90
	Perche forestre.	4.510		»		»
Prusse.	Pied (12 pouc.)	0.314		»	Klafter (108 pieds cubes).	3.34
Chine.	Tschech.	0.339		»		»
Suisse.		»	Juchard (400 perches carrées).	3600		»
Espagne.		»	Fanéga.	6426		»
Danemark.		»		»	Faon forestier.	2.61
Mecklembourg.		»		»	Faden.	3.46
Nassau.		»		»	Corde.	3.89
Wurtemberg.		»		»	Klafter.	3.39

TABLEAU DES CONTENANCES DES FORÊTS (Extrait de l'Annuaire des Eaux et For. de 1865).

ARRONDISSEMENTS FORESTIERS.	FORÊTS DE L'ÉTAT.		FORÊTS des communes.	FORÊTS des particuliers.
	Domaine.	Dotation de la couronne.		
	Hect.	Hect.	Hect.	Hect.
1re conservation. Paris	19,316	65,522	2,782	165,937
2e — Rouen.	58,803	»	99	175,135
3e — Dijon.	39,705	»	99,469	106,415
4e — Nancy.	66,608	»	62,561	42,440
5e — Strasbourg.	52,505	»	66,846	35,688
6e — Colmar.	20,656	»	94,430	22,146
7e — Amiens.	57,710	»	7,921	185,527
8e — Troyes.	28,424	»	56,420	192,223
9e — Epinal.	63,918	»	119,107	20,122
10e — Châlons-s.-M.	37,061	»	50,664	176,100
11e — Metz.	40,890	»	50,344	36,977
12e — Besançon.	4,750	»	96,432	28,317
13e — Lons-l-Saunier.	28,797	»	81,613	42,696
14e — Grenoble.	11,566	»	55,660	219,773
15e — Alençon.	50,660	»	513	243,730
16e — Bar-le-Duc.	32,006	»	95,693	54,675
17e — Mâcon.	18,328	»	74,158	197,297
18e — Toulouse.	72,866	»	20,696	333,560
19e — Tours.	63,272	1,680	2,216	270,088
20e — Bourges.	38,206	»	31,530	356,034
21e — Moulins.	25,946	»	19,483	180,564
22e — Pau.	9,792	»	100,676	183,410
23e — Rennes.	19,774	»	55	252,740
24e — Niort.	34,103	»	994	304,621
25e — Carcassonne.	35,547	»	37,181	139,854
26e — Aix.	3,164	»	92,543	156,859
27e — Nîmes.	5,787	»	78,570	267,401
28e — Aurillac.	5,029	»	32,085	365,697
29e — Bordeaux.	73,282	»	11,090	699,822
30e — Ajaccio.	45,802	»	65,030	»
31e — Chaumont.	19,479	»	87,399	81,222
32e — Vesoul.	6,842	»	113,748	41,721
33e — Chambéry.	774	»	132,951	»
34e — Nice.	10,120	»	67,546	236,516
35e — Valence.	10,271	»	111,980	262,532
	1,111,759	67,202	2,020,185	6,126,839

Nota. Dans la colonne des forêts des particuliers, rien n'est porté pour les départements de la Corse, de la Savoie, de la Haute-Savoie et des Alpes-Maritimes.

VALEUR ET RENDEMENT DES FORÊTS DE LA FRANCE.

PROPRIÉTAIRES.	SUPERFICIE.	VALEUR			PRODUIT NET des forêts.	REVENU à l'hectare.	TAUX de placement p. 100.
		des taillis.	des futaies.	totale.			
1	2	3	4	5	6	7	8
	hectares.	francs.	francs.	francs.	francs.	fr.	fr.
État et dotation de la Couronne.	1,178,961	510,879,000	2,240,026,000	2,750,905,000	37,727,000	32	1,37
Communes.	2,020,185	588,116,000	950,093,000	1,538,209,000	38,384,000	19	2,50
Particuliers.	6,126,839	1,991,590,000	1,225,368,000	3,216,958,000	153,171,000	25	4,75
	9,325,985	3,090,585,000	4,415,487,000	7,506,072,000	229,282,000		

Observations. Considérés en masse, les bois soumis au régime forestier renferment du matériel superflu, tandis que les bois des particuliers n'ont pas un matériel d'exploitation suffisant.

Dans les bois soumis au régime forestier, la réalisation du matériel superflu rendrait à la circulation des capitaux considérables, et, après cette opération, l'accroissement annuel en matière et le revenu en argent de ces mêmes forêts seraient plus élevés qu'à présent.

Dans les forêts privées, l'amélioration du mode d'exploitation aurait pour résultat d'élever le taux de l'accroissement, et le revenu annuel augmenterait à mesure que le matériel d'exploitation se compléterait.

TABLEAU

DE L'IMPORTATION ET DE L'EXPORTATION DES BOIS COMMUNS.

ANNÉES.	IMPORTATION.	EXPORTATION.	DIFFÉRENCE.
	francs.	francs.	francs.
1848	30,700,000	2,900,000	27,800,000
1858	83,700,000	14,500,000	69,200,000
1859	106,200,000	17,300,000	88,900,000
1860	123,600,000	21,700,000	101,900,000
1861	139.800,000	26,100,000	113,700,000
1862	117,800,000	26,400,000	91,400,000
1863	133,200,000	33,500,000	99,700,000
1864	132,400,000	33,200,000	99,200,000
1865	150,700,000	34,700,000	116,000,000
1866	180,400,000	32,200,000	148,200,000
1867	172.600,000	33,900,000	138,700,000

TABLE ANALYTIQUE DES MATIÈRES.

DEUXIÈME PARTIE.

AMÉNAGEMENT ET EXÉCUTION.

TROISIÈME PARTIE.

COMPTABILITÉ.

ERRATA.

Page 61. Seconde cote du compas forestier : au lieu de 0,117, lisez 0,127.

Page 72. A reporter au 1er juin : au lieu de 10,881 80, lisez 10,891 80.

BESANÇON, IMPR. DE J. JACQUIN.

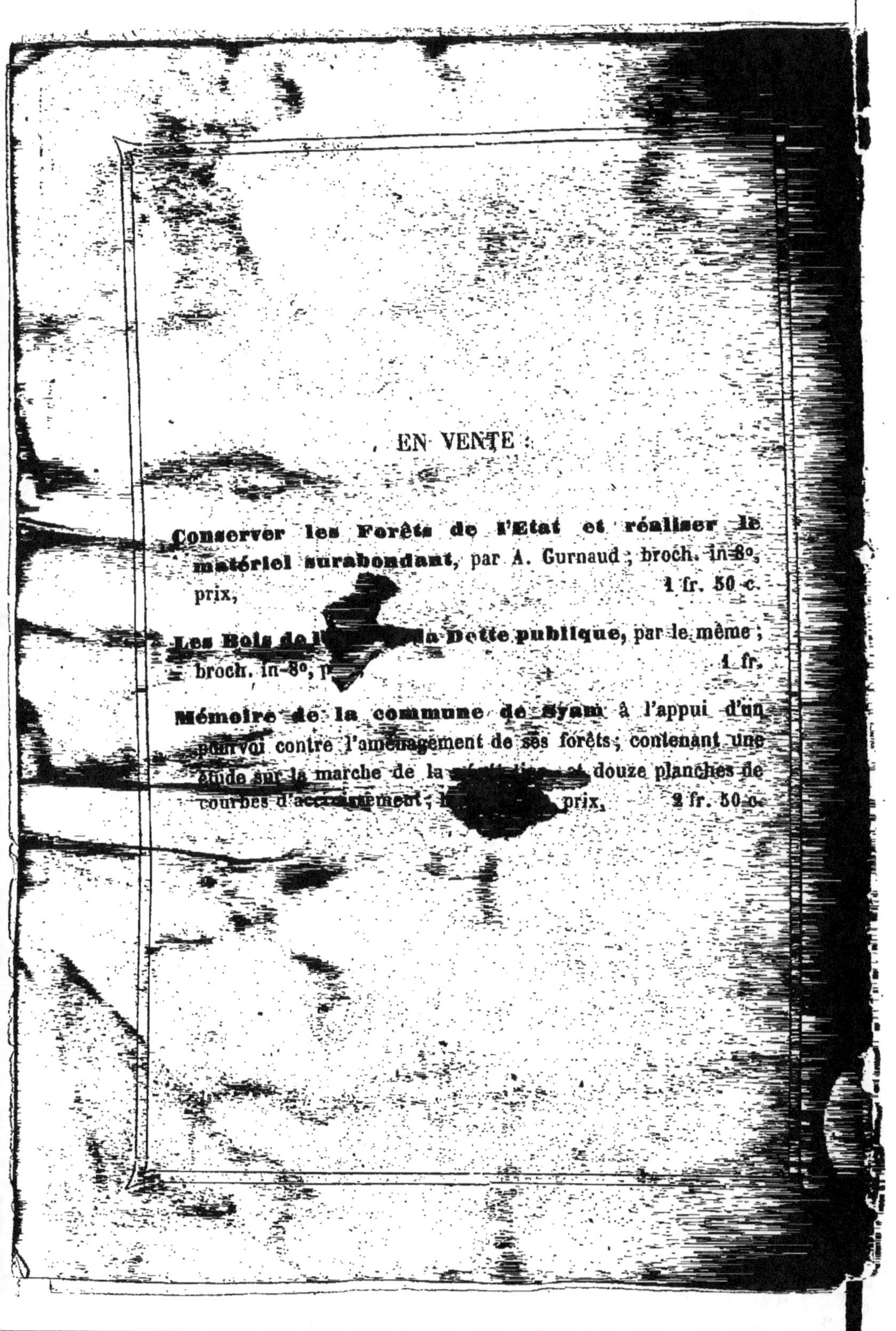